一学就会的爆款写作课

[日]山口拓朗 著

金磊 译

中国友谊出版公司

前 言

▶苦恼之一：不知道该写什么；
▶苦恼之二：无法流畅地行文。

很多人曾向我倾诉有关写作的苦恼，大多数都集中于上述这两点。

同10年或15年前相比，如今我们拥有了更多的写作机会：除了每日汇报、企划案、与客户往来的邮件等"商务文书"以外，还有诸如LINE、Facebook、博客等这些新出现的写作场景。

但是，无论SNS（社交网络软件）多么便捷，抑或我们所生活的时代多么如梦似幻，写作文章的终究还是有血有肉的"人"。

很遗憾，我们至今仍无法教会电脑程序或机器人如何写作，而它们也不可能代替我们写出"好文章"。

因此，才会出现本文一开始所列举的"两大苦恼"。我之所以写作本书，就是希望能为解决这两大苦恼提供一些对策。同时，也想教给大家一些可运用于实践的写作技巧。

在本书中，会一直强调两点内容："打开天线"和"为读者做贡献"。

▶在写作前，先要"打开天线"去搜集信息。

▶在写作时，则要抱有"为读者做贡献"的意识。

　　如果大家能够真正做到这两点，自然就会消除先前所提到的两大苦恼。

　　在第一章"使用天线的方法"中，将介绍如何高效地搜集信息。第二、三章则分别从"外部信息"与"内部信息"两个角度，介绍搜集信息的方法。

　　第四章主要介绍的是"写作前的准备"——只需要对准备工作做出一些改变，就能极大地影响整篇文章的完成度。

　　从第五章开始，主要介绍具体的写作技巧。特别是，第五章所介绍的"写作套路"可谓是苦于写作之人的"特效药"。只要熟练掌握以后，就能为你的写作速度带来质的飞跃。

　　第六章将重点介绍可用于SNS的写作技巧，其中的内容不仅能改变你写作的方法，还能改变你自身的思维方式。

　　最后，在第七章则会介绍可以提高文章完成度的推敲与修改方法。由于其中会涉及语法的相关知识，因此想要学习基础写作方法的读者朋友，请务必认真读到最后一章哦。

　　只要能灵活运用本书中所介绍的"技巧"与"方法"，你就能从"不知道该写什么"或"无法流畅地行文"两大苦恼中解放出来。

　　不仅如此，还能让你爱上写作。你用文字取悦读者，还有可能收到来自对方的感谢。

如果你所撰写的文章是用于工作场合，不仅能让你赢得周围人的信赖与好感，还能加速达成工作目标。

如果你所撰写的文章是要发表在SNS上，将会有更多的人对你所写的内容表现出兴趣与关注。只要你不停地写作，就会收获越来越多的粉丝。

如果你是为了与他人进行沟通而撰写邮件，只要不断打磨自己的写作水平，你今后的人生就会更加顺风顺水。

▶苦恼之一：不知道该写什么；
▶苦恼之二：无法流畅地行文。

当你克服了这两大苦恼之后，就能看见"最美的景色"。正是为了让所有人都能做到这一点，我才动笔写了本书。

请放心，作为一名有着20年从业经验的职业写作者，我会化身为"亲切热情的向导"，引领大家一步一步走向目的地，欣赏"最美的景色"。当然，沿途的风景也很令人期待哦。

山口拓朗

目　录

第 3 章

STEP②搜集素材——搜集内部信息

第 4 章

STEP③通往"好文章"的捷径——绘制示意图

第 **5** 章

STEP④——撰写文章的"套路"

第 **6** 章

<番外篇>SNS的写作技巧

第 **7** 章

STEP⑤——提升文章完成度的"修改技巧"

第 1 章

文章的好坏，取决于前
期的"信息整理"

01 什么样的文章才算是"好文章"

好文章=能达成目标的文章

"好文章"并不等同于"流畅的行文"。

我们不能因为一篇文章"逻辑通顺""辞藻华丽""富有表现力",就说这是一篇"好文章"。本书所给出的定义是:"好文章"应是"能达成目标的文章"。

假设,A要给本公司的客户写一封宣传"年末大酬宾"的明信片;B打算在自己的博客上,发表一篇介绍"速读技巧"的博文。那么,这二位撰写文章的"目标"分别是什么呢?

▶A写明信片的目标:
希望能吸引客户前来参与酬宾活动,并当场购买商品。
▶B写速读技巧的目标:
希望博客的读者能掌握速读的技巧。

当客户看到A的这封明信片的一瞬间,就感到很兴奋——"这是多么划算的一次大促销啊。绝对不能错过！"

当读者看完B的博客文章后，产生了跃跃欲试的想法——"之前一直以为速读很难，学了这个技巧后，说不定我也能做到！"

如果我们的文章能让阅读的人产生这样的反应，就可以认为"最终的目标"（购买商品、尝试速读）毫无疑问达成了。

反之，客户看完明信片后认为"这就是场毫无诚意的促销嘛"，读者看完文章后觉得"速读这件事好像真有点难度……"——这样的文章就绝对称不上是"好文章"。因为它们没能达成写作者心中所预想的目标。

即便措辞显得十分幼稚，但只要能让对方看完后，满眼都是"爱心"的符号，就是一封"好情书"。

哪怕文章的句子写得不太通顺，只要能让读者产生"又学到了新知""好有意思""被作者感动了"这样的想法，就是一篇"好文章"。为了不让读者对文章的内容产生误解，当然需要运用一些写作上的技巧，但我们真的没有必要一味地追求考究和华丽的"遣词造句"。

将"要用的信息"统统搜集起来

向大家传递"好文章=能达成目标的文章"的概念，以及具体的做法——正是笔者写作本书的目标所在。

那些"不知道该写些什么"的人，必须先理解什么才是"好文章"。因为只有确立了"达成目标"这一意识，才会让前期的信息搜集工作变得更加容易。

所以，各位读者都请在心里问一问自己："我现在写这篇文章的目标究竟是什么呢？"回答出这个问题，才是写出"好文章"的第一步。

要点

请回忆一下迄今为止读过的某篇"好文章"。这篇文章一定也将其"目标"巧妙地隐藏在了文字里。

02 对阅读者有所贡献

"这是本书唯一想让大家牢记的一件事"

那么，到底怎样才能写出所谓的"好文章"（"能达成目标的文章"）呢？

简单来说，就是要对阅读者有所贡献。

哪怕本书中所介绍的写作技巧，最后90%以上都被大家遗忘了，笔者也希望各位仍能牢记这一点（最好，还要能够亲身去实践）——这才是大家阅读本书的真正价值。

就像听到一句"感觉有点冷，可以把温度调高一些吗？"，餐饮店店员就马上去把空调温度调高；

就像听到一句"能把头发前面打薄一些吗？"，理发师就立刻将剪刀移到前面来；

就像听到一句"我想去东京车站，该坐哪一路车呢？"，地铁工作人员就亲自向其详细说明路线。

——写作者，也必须要对阅读者有所贡献。

总之，必须将"顾客"（读者）摆在第一位。

从这一点来说，写文章也是在从事"服务行业"。

从读者的角度出发

毫无疑问，文章是写给读者看的，而非写作者。

实际上，苦恼于"不知道该写些什么"的人，可能在主观想法上太过任性了，也有可能他们一直想的都是"怎样才能写出一篇美文"这样的崇高想法。

抑或，满脑子想的都是"如何得到他人的好评""如何让自己看起来更酷"这样的"歪门邪道"。

无论是以上哪种情形，都是"只考虑自己"导致的。

作为写作者，应该在意的就只有"如何才能对阅读者有所贡献"这一件事。如果缺少了这种意识，你就会陷入"不知该写些什么"的迷茫之中。

所有的文章在创作之初，都要从读者的角度出发。这是贯穿于本书的一大原则。正因为有人在苦恼"不知道该写些什么""不知道如何写出好文章"，笔者才会写下这篇文章。

要点

所谓"写给自己看"的文章，差不多就是那种压根儿不以"给别人看"为前提的日记。只要你在写作时能意识到是写给读者看的，那么文章的内容就一定会更上一层楼。

03 文章不能仅仅靠"写"

"写作"仅占整体的两成

对于不了解橄榄球的人，你能否通过一篇文章向其通俗易懂地阐述这项运动的魅力呢？

我想，对于从未观看过橄榄球比赛的人，或者一点也不了解橄榄球知识的人来说，这恐怕就是一项"不可能完成的任务"吧？

可是，如果强行要求你"务必阐述清楚"，究竟该如何是好呢？这种时候就必须要先搜集相关的信息。

不过，仅搜集一点点的信息，仍然达不到"通俗易懂地阐述清楚"这种程度。要想向不了解橄榄球的人说清楚橄榄球这项运动的魅力——大致来说，我们需要完成以下几个步骤：

①搜集"橄榄球"的相关知识；

②去现场看一场橄榄球比赛；

③让自己实际感受橄榄球运动的魅力（亲身体会）；

④了解不熟悉橄榄球运动的人的心理；

⑤用通俗易懂的文字写成文章，向读者介绍橄榄球运动的魅力。

这里需要大家注意的是，在①—⑤中真正"写作"所占的比例。发现了吗？只有第⑤步才是"写作"，仅占整体的20%。也就是说，其余的80%（①—④）都属于"写作前的工作"。

提高搜集信息的能力

如果你只是一味地磨炼写作的技巧，早晚会让自己走进死胡同。因为你只是在强化整体的20%（第⑤步），这样无法让你的写作能力实现质的飞跃。

▶搜集信息的能力（第①②步）

▶理解信息的能力（第③步）

▶了解阅读者心理的能力（第④步）

在磨炼写作技巧的同时，提升上述这些能力，才是提高写作能力的秘诀所在。

本书的前四个章节，主要就是向大家介绍"开始写作前所要做的事情"——包括"搜集信息的方法"以及"动笔前的准备工作"等。

当你提升了"搜集信息的能力"之后，内心"不知道该写什么"的烦恼自然就会消除。不仅如此，还能让你写出"好文章"。

要点

在写作文章的整个流程中，真正的"写"只占两成而已。在本书中，将重点介绍另外八成的内容。

04 　不断获取文章素材的"天线信息搜集法"

打开意识的"天线"

"不知道该写什么"的人，大部分都没有打开搜集信息的"天线"。所以，他们无法获取写作文章所需要的素材。

而那些擅长写文章的人，平时就一直开着"天线"，在不断地获取写作文章所必需的信息。他们从不会遭遇"缺少素材"的窘境。

女性在怀孕以后，会发现自己身边一下子出现了许多的婴儿——"原来这个世界上有这么的婴儿啊"。不仅如此，她们还会发现这个世界上还有很多的妇产科医院、母婴用品店……可以说，在这种情况下，孕妇是在源源不断地获取所有关于"婴儿"的信息。

之所以会出现这种变化，究其原因，是因为"怀孕"这件事使其内心有关"婴儿"的信息搜集的"天线"一下子打开了。

　▶（怀孕前）搜集信息的"天线"没有打开
完全没留意过有关"婴儿"的信息

►（怀孕后）搜集信息的"天线"打开了

有关"婴儿"的信息源源不断地被"天线"捕捉到

再来看个例子。假如，在某天晚上你突然被告知"请写下今天最令你感动的事情"，一定会感到很困惑吧？——"啊，要说感动的事……"

但是，如果是在当天一早就告诉你"今天晚上，会让你写下'今天最令你感动的事情'"，你又会做何感想呢？

"女儿罕见地替我准备了便当""挤满人的电车里，有个年轻人给老人让了座""在便利店寄快递时，店员替我捆扎好包裹""今天的夕阳真美"——你应该会有不少可用的素材。

对自己"发问"

上述两种情况的差别，就在于有没有打开搜集信息的"天线"。

相对于前者，第二种情况让搜集信息的"天线"在一整天里都处于打开的状态。

一个能够引起注意的"发问"，可以让人主动打开"天线"。所以，"发问"能提高搜集信息的敏感度。

►①想要写"笑话段子"

→"有没有可以写成段子的事情呢？"

这样的发问会让人打开"天线"，主动搜集"笑料"。

►②想要写"运动员心理素质"

→ "有没有关于运动员心理素质的信息呢？"

这样的发问会让人打开"天线"，主动搜集有关"运动员心理素质"的信息。

►③想要写"房地产投资"

→ "有没有关于房地产投资的信息呢？"

这样的发问会让人打开"天线"，主动搜集有关"房地产投资"的信息。

►④想要写"高考"

→ "有没有关于高考的信息呢？"

这样的发问会让人打开"天线"，主动搜集有关"高考"的信息。

当有明确想写的主题时

当你有明确想写的主题时，打开搜集信息的"天线"可以让内容变得更加具体。

►①想要写"笑话段子（自嘲式）的失败经历"

→ "有没有可以写成段子（自嘲式）的失败经历呢？"

这样的发问，会让人打开"天线"，主动搜集"笑料（自嘲式）的失败经历"。

►②想要写"运动员锦织圭强大的心理素质"

→"运动员锦织圭的心理素质为何如此强大呢？"

这样的发问，会让人打开"天线"，主动搜集有关"运动员锦织圭的心理素质"的信息。

►③想要写"具有投资价值的二手房地产"

→"有没有关于地区二手房地产的投资信息呢？"

这样的发问，会让人打开"天线"，主动搜集有关"地区二手房地产投资"的信息。

►④想要写"考入宇宙科学专业"

→"有没有关于高考考入宇宙科学专业的信息呢？"

这样的发问，会让人打开"天线"，主动搜集有关"考入宇宙科学专业"的信息。

"天线"到底是什么

当"天线"被打开时，我们的内心究竟发生了什么呢？让我们一起来弄清楚，"天线"的本质到底是什么。

►"天线"带来的效果①：拥有留意身边事的"意识"

比如，当你自问"有没有可以写成段子（自嘲式）的失败经历呢？"时，就打开了相关的"天线"。在你还戴着眼镜就开始洗脸的时候，你会立刻意识到："这可以当作一个素材！"

而如果没有打开"天线"，你就不会意识到这件事可以拿来当成一个自嘲式的笑话，一分钟后就把这件事忘得一干二净了。

当你听搞笑艺人表演脱口秀时，肯定会感叹："真厉害！有趣的段子一个接着一个。"

但是，他们在生活中不可能总会遇到各种有趣的场面，只是在平时有意地打开了搜集有趣经历的"天线"，所以才能留意到如此多"有趣的经历"（一般人常会忽视的事情）。

再比如，当你打开了"简单可行的省钱方法"的"天线"之后，就会开始主动留意所有与"金钱""消费""家庭支出""储蓄"等有关的信息，这能让你更容易搜集到有益的信息。

当你听到某位艺人在电视节目上说"我家媳妇总是把钱藏在不同的衣柜里"，就会瞬间意识到"这也可以拿来作为文章的素材"。

你在无意间拿起的一份报纸上，瞟见某篇专栏文章中提到"智能手机""省钱"的字眼，就会认真地读一遍。

像这样，一旦打开了"天线"，就拥有了留意关键信息的意识。能从乍一看毫无关系的事情中，找出自己所需的信息——这就是打开"天线"的真正意义。

如果有人断断续续地一直在写某个特定主题的文章，那么他很有可能遇到了"素材枯竭"的情况，这种时候一定要一直打开有关该主题内容的"天线"哦。

▶"天线"带来的效果②：改变人的行为

从你打开"天线"的瞬间开始，你的行为也将随之改变。因为你对"搜集信息"这件事产生了"贪欲"。

"运动员锦织圭的心理素质为何如此强大？"——当有人打开了这样的"天线"以后，就会在互联网的搜索框中输入"锦织圭 逆境""锦织 心理素质 强大"①这样的关键词。

抑或，特意打开电视观看锦织圭的比赛，以此来观察其一举一动。

还会去问身边那些喜欢打网球的朋友："运动员锦织圭的心理素质为何如此强大？"或是主动跑到书店里，寻找有关锦织圭的书或杂志。

并非我开玩笑，有人甚至连与"锦织圭"毫无关系的"锦织医院"广告牌，也会不由自主地多看上两眼。

仅有"发问"，没有"答案"

在心理学上，将仅有"发问"而没有"答案"的状态称为"认知失调"。

所谓"认知失调"，就是指人的内心同时拥有不相容的认知。一般来说，人们为了消除心中的这种不适感，就会倾向于改变自己的态度或行为。

总之，打开"天线"就是为了让自己去找寻"答案"，也可以理解为，是人为地制造出一种"认知失调"的状态。

---

① 译者注：关键词中间是有空格的，表示"隔开"，前后是两个关键词，而不是一个词。

05　可视化处理能增强"天线的灵敏度"

写出头脑中模糊不清的内容

虽说只要在心中对自己"发问"，就可以打开相关的"天线"，但这并非最佳的做法。因为，头脑中所思考的，都是一些模糊不清的内容。"变化""消除""谎言"……头脑中所想的"内容"都属于不确定且抽象的范畴，无法被实际捕捉到。

因此，当你打算打开"天线"时，最好能将"发问"的内容先写出来，以此让头脑中"模糊不清的内容"变得可视化。

来举个例子吧。假如，位于表参道①的一家名为"ZERO"的美发店，其店长想要发表博客文章，请问他该写哪些内容呢?

首先，请在笔记本上绘出这样的表格（表1-1）。然后，在①—⑧的单元格中，写出博客文章的类别名称（梳理清晰），可以按照文章的内容进行大致的分类。

---

① 译者注：日本的地名。

表1-1 在①—⑧中写出博客文章的类别（填写前）

①	②	③
④	表参道美发店 "ZERO" 的店长	⑤
⑥	⑦	⑧

在对①—⑧单元格的内容进行梳理时，实际上就打开了"搜集信息的天线"。

"只能想出5个类目"的人应重新调整自己的思路，让自己最少想出8个类目来。

而"什么也想不出来"的人，可以主动向身边的人寻求帮助——"借助他人的头脑"也是信息搜集的重要一环。所以，不必为此感到羞愧。

表1-2就是在表1-1的基础上，梳理好的类目。

表1-2 在①—⑧中写出博客文章的类别（填写后）

① 美发店 "ZERO" 的特色	② 美发师介绍	③ 顾客们的反馈
④ 发型展示与发型分类	表参道美发店 "ZERO" 的店长	⑤ 可在家完成的 自助式美发
⑥ 关于头发的苦恼 Q&A	⑦ 关于头发的小知识	⑧ 表参道魅力宣言

当你想写"⑦关于头发的小知识"时，在日常生活中（或者通过刻意地"检索"等方式）就会不断地主动搜集有关"头发"的一些趣

闻，如："目前，拥有全世界最长头发的人，是一位中国的女性（长约6米）。""平安时代，老百姓一年仅能洗一次头？"等。

而在"⑥关于头发的苦恼Q&A"的部分，可以将顾客们时常抱怨的苦恼用作文章的素材，如："如何不染头发，也能让白头发变得不那么显眼？"等。

就像前面说过的那样，打开了"天线"，你就会拥有留意身边事的意识。

从早到晚一直都在捕获信息（素材）

作为"美发店店长"，我们梳理出了博客文章的8个类目，如果这8类仍不够用的话，那就分为10类或15类也行。

此外，表1-2中所列出的类目，还可以继续进一步细化。下面的表1-3所展示的，就是对表1-2中"⑤可在家完成自助式美发"进行细分的类目。

表 1-3　对上表中⑤类目的进一步细化

①	②	③
洗发水、护发素、护理液的挑选与使用方法	白发焗黑：染发膏应如何挑选与使用	吹风机的使用方法
④	可在家完成的自助式美发	⑤
防止头皮干燥的方法		头皮按摩的方法
⑥	⑦	⑧
健康的饮食生活	用发蜡防止头发损伤的方法	让头发更具光泽与柔顺的方法

针对表1-2中所梳理出的8个类目，每一个又能再继续细分出8个子

类目。这样一来，最多就可以拥有8×8=64个搜集信息的"天线"。

最初所梳理的8个类目，可以直接用作博客页面上的文章分类名称（用于收录不同内容的文章）。而细分出的64个子类目，则可以用作撰写文章的素材。

表 1-4　一直处于捕获信息的状态

① 美发店"ZERO"的特色	② 美发师介绍	③ 顾客们的反馈
④ 发型展示与发型分类	表参道美发店"ZERO"的店长	⑤ 可在家完成的自助式美发
⑥ 关于头发的苦恼 Q&A	⑦ 关于头发的小知识	⑧ 表参道魅力宣言

①	②	③
④	吹风机的使用方法	⑤
⑥	⑦	⑧

① 洗发水、护发素、护理液的挑选与使用方法	② 白发焗黑：染发膏应如何挑选与使用	③ 吹风机的使用方法
④ 防止头皮干燥的方法	可在家完成的自助式美发	⑤ 头皮按摩的方法
⑥ 健康的饮食生活	⑦ 用发蜡防止头发损伤的方法	⑧ 让头发更具光泽与柔顺的方法

这64个类目中，有些内容也许还可以做更进一步的细分。例如，"吹风机的使用方法"（表1-3的③）等。

假设，将64个类目逐个细分，那么，最后就会拥有64×8=512个文章素材。也就是说，可以打开超过500个的"天线"。有了这些"天线"，你就可以做到从早到晚一直都在捕获信息（素材）。

当然，梳理出500个类目也属于是很极端的一种情况了。基本上，靠最初分出的8个类目，再加上40个左右的子类目（素材）就够了。

对写作思路梳理再解构

上述梳理方法的最大优势，就是能让我们顺利找到相对应的"信息搜集天线"。

不仅如此，这种方法也能帮助我们对写作的思路进行"梳理→再解构"。因为我们要写的就是自己所想的内容。

一直苦恼"不知道该写什么"的人，在这番梳理的过程中，能让头脑中原本模糊不清的内容逐渐清晰起来，很多人因此找到了"自己的思路"。

这样一来，便会催生出"终于有的可写了！""就想写这个！"这样的念头。

苦于无内容可写的人，能从中体会到内心状态的变化，正是这一方法"最具价值"之处。

06　文章都源自"疑问"

要让自己的心中有更多的"疑问"

"不知道该写什么",造成这一苦恼的元凶,也许就是你心中的"疑问"太少了。

①为什么大家都喜欢来这家荞麦面馆呢?(疑问)

②仔细观察这家面馆 / 与他人交流 / 实地品尝……(调查)

③原来如此,难怪这家面馆这么有人气!(了解)

④我要向所有人推荐这家店!(写成文章)

基本上,所有的文章都是按照上述①—④的步骤写成的,即抱有疑问→进行调查→了解清楚原委→写成文章。所以说,写文章的起点就是"疑问",也就是人们常问的"为什么"(Why)。

"天空为什么是蓝色的?"

"怎样才能做出美味的玉子烧?"

"为什么很多人会习惯性抖腿？"

"怎样消除婚前焦虑感？"

"如何才能让部下在工作时更有积极性？"

"日本的退休金制度会崩溃吗？"

像这样，所有的文章其实都是与"疑问"相绑定的。所以，可以说，写作就是一件"解答阅读者心中疑问"的工作。写作者先代替阅读者提出疑问，然后再去寻找答案……这样做的好处，就是能写出取悦读者并且"有所贡献"的文章。

不断挖掘疑问，方能掌握更深入的知识

倘若没有"疑问"，人们便不会想深入地去调查和了解，自然也就写不出文章，所以才会苦恼"不知道该写什么"。

当然，除非你是一名记者或作家，否则也没必要对所有的事物都抱有"疑问"。

但是，假如你目前正在撰写一篇文章，或者有写文章的打算，那么你至少要对自己想写的主题内容抱有"疑问"才行。

我想再次强调：从你产生"疑问"的瞬间开始，就打开了"搜集信息的天线"。如果你有10个"疑问"，就意味着会打开10个"天线"；如果你有100个"疑问"，也就意味着会自动打开100个相关的"天线"。大家应该很容易想象到，与没有任何"疑问"的情况相比，这会存在多么大的差别。

当你想更深入地挖掘信息（想搜集更详细的信息）时，就会在

"疑问→了解"的环节之后，产生更多的"疑问"，甚至可以具体为"荞麦粉与小麦粉的比例是怎样的？""到底是用何种方法擀制出荞麦面的？"这样的问题。越是深入地提问，你越能掌握更深入（详细）的知识。

要点

如果你不喜欢"疑问"一词，也可以用"感兴趣""关心"等来代替。当你"感兴趣"或"关心"的事物有所增加时，你所能捕获到的信息量自然也会增多，写文章就会更加轻松啦。

07　做笔记能帮助"写不出东西的你"

养成做笔记的习惯

　　对于苦恼"不知道该写什么"的人，我建议大家先要养成"做笔记的习惯"。越是写一手好文章的人，越善于运用"笔记"这一方法。

　　以下便是做笔记带来的效果：

　　做笔记的效果①：加深记忆；

　　做笔记的效果②：催生信息；

　　做笔记的效果③：提升敏锐度；

　　做笔记的效果④：催生创意。

　　接下来，就详细说说每一种效果吧。

▶做笔记的效果①：加深记忆

人类的大脑并不是一个万能的装置，不可能记住所有的事情或信息，就像你有时也会遇到"话到嘴边又突然想不起来"的情况。

规避"遗忘风险"的最有效方法就是做笔记。笔记可以说是"大脑的外置硬盘"。因此，能记下来的内容，就没有必要强行去记忆。

例如，你打算就一个月前看过的一本书写点读后感，如果你当时就边读边记录下自己的零星感想，是不是就会更容易写出读后感了呢？答案毫无疑问是肯定的。反之，如果你当时没有做笔记，恐怕现在已经想不起来是哪本书了吧？

而且，"做笔记"这件事更好的地方就在于，通过写字的方式加深大脑中的记忆。这不仅帮助我们规避了"遗忘的风险"，还强化了记忆的内容，真可谓是"一举两得"啊。

▶做笔记的效果②：催生信息

信息并非原原本本"放在那里"的，而是通过大脑"催生出来"的。特别是我们头脑中所想的内容，需要通过"写出来"（做笔记）的方式，才能被认知为"信息"，否则就只是一些模糊不清的内容。

例如，你因为某一部电影而深受感动，但是这种感动如果不能写成文字，依旧只能属于"模糊不清"的范畴。

你如果都不能准确描述这种感动（也有可能只是一种错觉），也就更不可能与其他人分享。

"做笔记"就是要将模糊不清的内容变得"有形化"。通过这个过程，我们认知到了"信息"，从而才能与他人分享。

▶做笔记的效果③：提升敏锐度

别着急，在具体写出（做笔记）相关的信息之前，还有"提升敏锐度的效果"在等着我们。

例如，现在请你写出自己喜欢的几部漫画作品。你可能会想到《20世纪少年》《死亡笔记》《超智游戏》《血色星期一》等，但你在写的过程中就会敏锐地意识到——"欸？原来我喜欢看的都是偏推理类型的作品。"这就是所谓的"提升敏锐度的效果"。

"做笔记"让我们头脑中原本模糊不清的内容变得有形化，各个信息之间就可以很方便地进行比较。其结果，就是能让我们发现原本未曾注意到的东西。

此外，还可以让我们产生"新的发现"——"如果我看漫画是这种偏好，看电影时是不是也是这样呢？"基于这个想法，我们会意识到"原来我喜欢看《七宗罪》这部电影，也是因为喜欢推理类的作品啊"。

甚至，我们还能推导出更重要的结论——"因为我的人生中缺少与'推理'有关的经历，所以才想通过漫画或电影作品获得满足"。

看到这里，我想各位应该不会再抗拒"做笔记"了，可能还想灵活地运用笔记，让自己产生更多新的觉悟。对人类来说，"新的发现"（觉悟）就像是思考的兴奋剂，"做笔记"可以无限拓展人类的思维。

▶做笔记的效果④：催生创意

笔记有时也会成为催生出新创意的"导火索"。

例如，在逛书店时，你留意到"最近，市面上出了很多有关健康的书"，于是，便将这件事写到笔记上。

几周以后，工作的原因，你要为某家餐饮店提供经营咨询的服务，对方希望你对"新菜谱的开发"提供一些意见。此时，你也详细地将其记录了下来。

这之后的几天里，你打开写满了内容的笔记本，反复翻看先前所做的笔记内容。原本两个毫不相干的内容映入了你的眼帘。

"关于'健康'的书越来越多了？餐饮店要开发新的菜谱？啊！何不围绕'健康''养生'的概念打造新的菜谱呢？把药膳与日本料理相结合，或者把有机蔬菜与西餐相结合呢？主打无添加剂与无色素的双'无'菜品，肯定会很有卖点！"

像这样，通过对比可视化的"笔记"（信息）内容，更容易让我们产生大大小小的新创意。如果说创意是将各种不同的要素进行组合，笔记就是帮助我们实现这种"组合"的利器。

当然，这些创意同样可以用作撰写文章的素材。总之，我们能从笔记中得出各种各样的想法，并从中找出独具创意的文章主题或者是与众不同的切入点。

①令自己印象深刻的事情或者感想、感悟，都应积极地记录下来；
②一边看先前的笔记内容，一边在毫无关系的信息之间进行对比（找出其共通点与相异点，将不同的信息串联起来）。

有的人在养成了"在①和②之间反复"的习惯之后，就会源源不断地冒出新的创意，"不知道该写什么"的苦恼也会呈反比例地减轻。总之，这能将你从素材枯竭的窘境中解放出来。

强烈推荐大家"做笔记"

工作的原因，迄今为止我采访了艺人、运动员、企业家、商务人士等超过2400人。我发现，成功人士大部分是"笔记狂人"。

再结合我自身的体会，"做笔记"所能带来的效果，已经远远超出了"写文章"的范畴，会给你的工作和人生都带来积极的影响。

难道你不想养成"做笔记的习惯"，从此改变自己的人生吗？

要点

棒球运动员铃木一郎走上击球位置时的动作，橄榄球运动员五郎丸步开球前的姿势等，在体育界，大家都会很重视所谓的"习惯"。最理想的"做笔记"习惯不是隔三岔五记录一下，而是要能够做到下意识而为之。养成习惯以后，"做笔记"所带来的4种效果（加深记忆、催生信息、提升敏锐度、催生创意）会变得更加显著。

08 动笔写作之前，先试着口头表达

口头表达能让头脑中模糊不清的内容变明确

你能将自己所掌握的信息，以口头的方式向他人表达清楚吗？

能够流畅表达的人，一定也能将这些内容写成一篇好的文章；而不能做到流畅表达的人，说不定也同样无法将这些内容写成文章。

▶能做到口头流畅地表达→能写成文章

▶不能做到口头流畅地表达→写不出文章

无论是写作还是说话，其实都属于"思想输出"的范畴。因此，不擅长写文章的人可以在开始动笔之前，先试着以口头的方式将想写的内容说给他人听。这不仅能锻炼你对信息的理解和梳理能力，还可以视为正式动笔前的"打草稿"环节。

▶打算撰写新业务的企划案

→将企划案的概要、概念、具体实施方案等说给他人听。

▶打算写一篇介绍防紫外线的护手霜的博客文章

→先把护手霜的特点、成分、功效、使用体验等说给他人听。

▶打算写一篇关于千层面的美食推介文章

→先把千层面的味道、分量、口感、满意度等说给他人听。

在口头阐述时，大脑会将原本分散的信息进行整合，并对自己内心的想法进行梳理。这样一来，在正式写文章的时候，就不会再有"该写什么？""怎样写？"等烦恼了。

我们在进行口头说明的时候，必须能让对方听懂。如果在这一过程中，对方提出"你说的××是什么意思？""×××是指什么？"等疑问，你一定要耐心细致地给予回答。这些"疑问"正是对方无法理解的地方。如果放任不管，你所写出来的也肯定是"让人看不懂的文章"。

此外，对于实在不擅长写字，却擅长口头表达的人，推荐大家使用智能手机上的语音输入功能（如"Siri"等）。比起手动打字，语音输入能帮助你更高效地写文章。

虽然有时用语音输入文字之后，还需要再手动进行修改，但你熟练掌握以后，就能逐渐提高识别的速度与精度。我认识的作家朋友中，就有人是靠语音输入写完了一整本书。

要点

如果你一直写的都是某个特定领域的文章，那么平时就要多多练习"进行口头表达"。通过对信息的不断"梳理→理解"，能强化所写内容的专业性。

09 "外部信息"与"内部信息"两种信息类型

区分使用外部信息与内部信息

世界上的信息，大致可分为两大类：一是除自身以外（周边）的所有信息；二是存在于自己内心的信息。在本书中，将前一种称为"外部信息"，而后一种则称为"内部信息"。

▶外部信息：除自身以外的所有信息（周边的信息）；

▶内部信息：存在于自己内心的信息（自我信息）。

例如，你打算写一篇关于美国的文章，都有哪些外部信息与内部信息呢？

关于美国的外部信息

地理 / 国土面积 / 人口 / 自然环境 / 气候 / 人种 / 民族 / 国民性 / 首都 / 政治 / 总统 / 经济 / 历史 / 文化 / 宗教 / 军事 / 语言 / 工业 / 农业 / 交通 / 教育 / 福利 / 艺术 / 体育运动 / 娱乐活动 / 科技 / 世界

第 2 章

STEP①搜集素材——
搜集外部信息

10 搜集"现场"的第一手信息

在"现场"搜集有用的信息

在搜集外部信息的时候，我们首先要将目光投向"现场"。到底哪里才算是"现场"，就要取决于文章的具体主题。

▶医药品公司的职员打算撰写以"健康"为主题的文章

现场→医疗现场 / 医疗相关的活动 / 与普通消费者进行交流的场合等。

▶护士打算撰写以"护理"为主题的文章

现场→家庭护理的场合 / 养老院。

▶摄影师打算撰写以"摄影方法"为主题的文章

现场→摄影场地 / 摄影棚。

▶旅游爱好者打算撰写以"神社、寺庙"为主题的文章

现场→日本全国各地的神社、寺庙。

写作者自己前往现场的最大好处，就是能够搜集到第一手信息。

所谓的"第一手信息"就是指"未经过加工或编辑的信息"，包括从相关人士那里直接打听到的内容。这些在现场亲眼所见的信息，肯定都是最新鲜且最准确的。可以说，"现场"是搜集有用的第一手信息的宝库。

另外，所谓的"二手信息"就是指被引用或传闻的内容，或者是经过加工和编辑的信息。报纸、杂志等媒体上的信息大部分属于二手信息。

二手信息虽然搜集起来很容易，但是其所带来的风险和问题却不少，比如信息可能不是最及时的、内容可能并不正确、内容可能被窜改过等。

为何职业记者或作家能写出"好文章"呢？因为他们都会下很大的力气去搜集第一手信息。

反过来说，只要能掌握搜集第一手信息的方法，你写作文章的能力就能上一个台阶。当然，你原本心中"不知道该写什么"的烦恼也会随之淡化。

虽然不可能变成专业的记者，但只要在头脑中抱有这样的意识——"现场是素材的宝库"——就能大大提升你所捕获的第一手信息的质量（这也算是一种"天线"理论）。

假设你打算为计划去夏威夷旅行的人写一篇博客文章，如果只是将从杂志、电视、互联网上搜集的二手信息做个简单的汇总，肯定是无法取悦读者的。

要想让人喜欢你的文章，最好的方法就是将你自己在夏威夷所获取的第一手信息贡献给读者。任何二手信息都抵不过写作者亲身搜集到的最新鲜的第一手信息。

运用你所有的"五感"

在现场搜集信息时，一定要运用你所有的"五感"。所谓"五感"，就是指人类所具备的感知能力——视觉、听觉、嗅觉、味觉以及触觉。运用好这些能力，你就能更容易搜集到写文章所需的信息。

▶①视觉

五感中获取信息量最大的就是视觉。其能够搜集到诸如场地、颜色、动作、外观、状态、表情、图画、照片、文字等信息。

例：在汉堡店能搜集到的信息

店铺的大小、客流情况、装修风格（××调性）、照明亮度、氛围、顾客阶层、员工的状态（包括接待顾客的态度）、汉堡的外形、餐具的好坏、菜单的内容、收银系统……所有你能留意到的地方，抑或是这家店独具魅力之处。

▶②听觉

用耳朵捕获到的信息，可以搜集的信息有人声、自然界中的声响（风声、海浪声、小鸟的鸣叫声等）、对话、噪声、音乐（背景音乐等）、音色、音量、日常生活中的声响（开门、关门的声音）等。

例：在汉堡店能搜集到的信息

店内的嘈杂声、背景音乐的曲名（包括音量大小）、店员的对话等。

▶③嗅觉

用鼻子捕获到的信息，从香味到臭味，总之，一切能令你印象深刻的味道，都要将其记录下来。

例：在汉堡店能搜集到的信息

店内的味道（熏香的味道、木制家具的味道、观赏性植物的味道等）、汉堡的香味、咖啡的香味等。

▶④味觉

用舌头捕获到的信息。除了关于味道（甜、辣、酸、苦、涩等）的信息外，还可以搜集到食物在口腔里的触感（粗糙、松软、酥脆等）、温度、咀嚼时的口感、咽下食物时的感觉等信息。

例：在汉堡店能搜集到的信息

汉堡作为一种食物，其味觉信息是非常重要的。后文还会对此做具体的阐述。我们要记录下自己的感想、味道、触感、冷热程度、咀嚼时的口感等各种细节信息。

▶⑤触觉

通过皮肤以及身体的个别部位（或者全部）捕获到的信息，包括材质的质感、温度、湿度等。此外，像疼痛、瘙痒、酥麻、舒适等感觉，也是重要的信息源。

例：在汉堡店能搜集到的信息

店内的氛围（温度、湿度、舒适度等）、椅子的舒适度等。

在现场搜集第一手信息时，一定要事先确定写作目的以及文章主题，然后按照优先顺序搜集相关的信息。

如果尚未确定写作目的以及文章主题——应该尽力避免这种情况——为了不错过高质量的第一手信息，我们就只能"广撒网"了。

要点

在现场搜集信息的时候，笔记本将是你最重要的证据与记忆装置——做笔记，这样事后你才不会遇到"那是什么来着？""全忘了……"的状况。

11 从他人那里获取信息

有些信息只有特定的人才知道

在现场，一定要积极地向当事者或相关人士进行询问。因为这个世界上有很多信息（尚未被语言化的内容），可能只有某个人掌握。而通过询问打听到的内容，就是最宝贵的第一手信息。

▶该去问谁？

弄清楚"该去问谁"是很重要的。如果向没有掌握信息的人提问，是毫无意义的。

比如，在制造工厂，若要了解整个工厂的信息，自然应该去问厂长。但是，如果想了解流水线的详细情况，最好就是去问一线的工人，才能获得真正有用的信息。

在搜集第一手信息的时候，一定要事先确认好所需的信息都掌握在谁的手中。如果我们所需的信息很明确，就可以直截了当地提问——"如果想了解产量的变化，您觉得我应该去采访谁呢？"

▶该问什么？

"该问什么"取决于"想写什么"。例如，文章的主题是"公寓的挑选方法"还是"公寓（独门独户）的选购方法"，二者所要提问的内容就会有很大不同。

提问时，一般要反复进行"假设→验证"。预先从文章的主题中，提出类似"□□是否就是△△吗？"这样的假设问题。如果事实确如假设的那样，就一切顺利；如果与假设不符，就可以继续追问。例如，以"5W3H"（请参考第45页的内容）的方式进行提问——"为什么是○○呢？""什么时候做了○○那件事呢？"

如果你在采访的时候，仍未确定文章的主题，就比较麻烦了。这种情况下，可以先从比较笼统的提问开始，边问边理解对方回答的内容。一旦发现有意思的信息（可用作文章主题的内容），就立即追问，从而挖掘出自己所需的内容。

▶提问的技巧①：抱有兴趣

带着兴趣向对方提问，可谓是最强的一种沟通技巧。正因为抱有兴趣，你才会在交流的过程中不断地附和对方——"嗯嗯。""咦？""原来如此！"你的表情也会更自然。

在提问时，重要的是，要让对方感觉整个交流过程是"舒服"的。我们的随声附和与笑容，能让对方认为"这个人确实在认真听我说话"，这样对方才会更容易向我们吐露心声。

▶提问的技巧②：说话的节奏与音量要同对方保持一致

每个人说话的节奏与音量都不一样，在提问的时候，我们应尽量在说话的节奏和音量上与对方保持一致。

如果对方是一个说话慢条斯理的人，那么我们在交谈和随声附和的时候，也要放慢自己的语速。如果对方是一个大嗓门，那么我们就要相应地稍稍提高说话时的音量。彼此相一致的语速和音量，能让对方觉得"交流起来不费劲"。

▶引导出意识最底层中的信息

为了获得有用的信息，有时我们也必须采取"进攻式的提问"，引导出深埋在对方意识最深层中的信息。

当我们向皮肤好的人提问："为什么你的皮肤这么好呢？"对方可能会说："这个嘛……我也不太清楚。"之所以会出现这种回答，是因为其本人也说不出具体的原因。

这种时候，我们应该将所提的问题具体化——"你是如何洗脸和使用洁面乳的呢？"——相当于给对方抛出了一个"很容易击打的球"，我们才能从对方的回答中获得有用的信息——"这么说的话，我每次洗脸时都不会用力地擦脸。"

"进攻式的提问"其实也是基于事先想好的"假设"。"虽然他本人可能并未意识到这一点，恐怕是因为×××呢？"——我们可以基于这样的假设进行提问。不仅如此，对方还有可能因为这些提问而向我们表示感谢——"要不是你的提问，我也许还没意识到这一点，真得谢谢你！"

▶让相关人士对信息进行确认

当我们对所搜集的信息抱有疑问时，该怎么办呢？这种时候，你可能产生怀疑——"这个信息真的正确吗？"最好的解决办法，就是请值得信赖的相关人士对信息进行确认。

·关于智能手机使用方法的信息
→请身边的数码产品达人来确认。
·关于英语会话技巧的信息
→请特别擅长英语会话的人来确认。
·关于快餐的信息
→请特别了解该领域的人来确认。

在有关"英语会话"的信息中，如果我们真正所需的是"留学信息"的话，那就应该去找特别了解留学领域的人来对信息进行确认，而不是擅长英语会话的人。我们一定要根据自己所需要的内容，去选择相应的确认对象。

▶建立起"交流热线"

一直撰写某个特定领域文章的人，应尽可能与掌握第一手信息的人保持好关系。事先与该领域的专家或达人建立起"交流热线"。

专门在博客上发表音乐相关文章的人，应该能根据不同的主题，轻松地找到可咨询交流的对象——"如果是J-POP风格，就去问A""如果是爵士乐，就去问B""如果是摇滚乐，就去问C""如果是音乐历史，就去问D"。

有效地利用人脉（活的信息网），也属于文章写作能力的一部分。善于结交"优秀的智囊"或"信息源"的人，才拥有写出"好文章"的外部环境。

要点

"5W3H"是帮助我们准确表达内容的工具：

·When（何时：期限、时期、日程、时间）；

·Where（何处：场所、目的地）；

·Who（何人：负责、参与）；

·What（何事：目的、目标）；

·Why（何故：理由、依据）；

·How（如何：方法、手段）；

·How many（数量是多少）；

·How much（多少钱）。

12 从书中搜集信息

从书中有效地获取信息

书，作为我们搜集信息的一种来源，是极为有效的。但是，我却感觉大部分人并不能灵活地运用从书上得到的信息，还有很多人会将读过的内容都统统忘记。因此，我想向大家介绍从书中获取信息的方法。

▶书是有效信息搜集源的理由①：内容具有准确性和可靠性

每本书都有作者（大部分场合都会印有作者的名字），而且，几乎所有的书都是经由出版社的运作才问世的。也就是说，作者和出版社是为这本书的内容负责的实体，使得一本书的品质有了保障。"价格"的背后实际上也意味着"重大的责任"。

与充斥着大量匿名免费信息的互联网相比，书中的内容无疑更具有准确性和可靠性。

此外，很多书都是作者凝聚了数十年的知识与经验写就的。从"信息的密集程度"这一点来看，书具有不可估量的优势。

▶书是有效信息搜集源的理由②：可以获得已经被梳理好的信息

不同于互联网上的碎片化信息，书中的内容通常都是就某个特定主题而撰写的完整且呈体系的信息。

例如，一本面向初学者的股票投资的书，其内容肯定是帮助初学者掌握股票投资的各种知识（并且可以用于实践）。如果你想学习某个特定领域的知识，阅读三至五本该领域的入门书，应该就能了解个大概了。

此外，还有一些以介绍知识为主的百科书，其内容大多是该领域信息的大汇总（内容上又比学术类书更加通俗易懂）。利用这些书，我们这些"门外汉"可以更轻松地搜集到所需的信息。

▶灵活利用书的方法

书的种类，大致可以分为以下两种：

①满足享乐、品位等阅读目的（如小说等）

→可以让我们通过书中的内容，有效地掌握各种广泛的知识，拓展我们的人生。

②为了能让自己从阅读中有所收获（如经管类或生活实用百科等）

→可以让我们通过书中的内容，有效地掌握某一特定领域的知识，强化专业性。

对我们来说，每种书都是很重要的信息来源。如果你打算就某个特定的领域或主题撰写文章，最好还是先集中阅读第②类的书，从而更高效地搜集必要的信息。当你自身的专业性以很快的速度获得提升时，内心的那种"想写""想表达"的欲望，就会变得更加高涨。

①当你打算以"健康"为题撰写文章时

可以先从所谓的"健康读本"中搜集信息。虽说都是"健康读本"，但切入点却各不相同，比如饮食、运动、睡眠、压力、抑郁症、药物、医疗等。我们需要结合自己文章的主题，找到对应的书来阅读。

②当你打算就"健康"，特别是"饮食健康"这一主题撰写文章时

可以先从介绍"饮食与健康"的书中搜集信息。这类的书通常也有很多不同的切入点：拒绝快餐文化、绿色食品、饮食养生法、糙米饮食、发酵食品、营养保健品等。这种情况下，我们同样需要找到与所写主题相近的书来阅读。

在挑选书时，"信息搜集天线"将会发挥重要的作用。打开"天线"可以让我们更轻松地找到所需的书。总之，这能帮助我们避免无效的阅读。

▶从书中搜集信息的流程

以我个人来说，当自己以搜集信息为目的进行阅读时，会按照以下的流程来做：

①"天线"所捕获到的信息——认为"很重要"（注意到）的内容——在其所在的页面做记号（如将该页的一角折起）。习惯使用便笺的人，也可以在该页贴上一张便笺。

②读完整本书后再将做过记号的页面重新读一遍。此时，对依然认为"很重要"的内容再次进行标注。另外，对于"不是那么重要"的内容，不用进行任何标注，只需将先前所折的书角还原即可（信息的梳理）。

③将那些比较常用的信息，记录到笔记本或随身的手账上，以便今后查阅。只需要将最关键的内容（做有标注）抄写到笔记本上即可——不必一字一句地抄写，最好是能用自己的语言进行总结，这样会加深自己对信息的理解。

如果只是临时搜集信息，可以不做第③步。单靠书上所做的记号和标注，就能让该信息处于随手可查的状态即可。不过，如果你想长期保存该信息，或者想将其化作一生的记忆，就必须要完成第③步（有关"做笔记"的效果，请参考第24页的内容）。

▶看书的时间会逐渐缩短
当以搜集信息为目的而进行阅读时，你会发现在阅读上所花的时间会越来越短。究其原因，是你的知识量在不断地增加。当你再读到相同内容时，就可以草草略过（习惯了以后，甚至能做到直接跳过）。

对于同一领域的书，读第一本和读第五本时的速度，大概会相差三倍之多。换言之，对于已经掌握的信息，就没必要再逐字逐句地阅读了。

要点

当写作文章的主题很明确时，可以先通过书的"目录"划分出"值得一读的章节"和"无须阅读的章节"。对于先前认为值得一读的章节，如果读完判断为"无用"，下次就可以直接跳过。熟练掌握阅读的方法，就相当于学会了对信息的"断舍离"。

13　从报纸上搜集信息

看报是获取知识的重要途径

当你想要搜集具有时效性的信息时，报纸是非常有效的一种途径。因为报纸上所刊登的信息，几乎都是基于第一手信息而撰写出的内容。

与此同时，报纸上的信息又是繁杂的。阅读网罗各种信息的报纸，就好像是在眺望整个社会。

大部分时候，当你将经济版的"A报道"与文化版的"B报道"关联起来理解，就会发现很多未曾留意过的信息。从广泛获取各种知识的角度来说，阅读报纸（也包括自己毫无兴趣、毫不关注的内容在内）这件事，具有极大的意义。

另外，如果你已经有了明确的写作主题，那么在阅读报纸时，一定要打开"搜集信息天线"。也就是说，不再是被动，而是主动地捕获"必要的信息"。

假设，你正在写一篇以"大学教育"为主题的文章，就可以只挑出报纸上与"大学"或"教育"相关的报道进行重点阅读，这样在搜集信息时才会更有效率。

14 从杂志中搜集信息

获取"海量信息"与"稀有信息"

有时候，根据所写文章的不同主题，杂志也是很好的一个信息搜集源。与报纸相比，杂志内容的专业性更高（但对普通大众读者来讲缺乏一定的可读性）。可以说，杂志更偏向于满足读者的具体需求。

一本杂志通常会有很多的执笔者，因此杂志并不像书那样，具有成体系的内容结构。但从另一个角度来讲，也正是得益于如此多的记者和作者，才使得杂志拥有了丰富多彩的内容。

特别是有固定读者群体的专业性杂志，我们可以从中找到在其他媒体上很难见到的"海量信息"，甚至是"稀有信息"。其中，很多内容还被用心做成了可视化的形式，这对于渴望轻松获取信息的人来说，真是再理想不过了。

若想强化自身的专业性，我强烈建议大家订阅杂志来看。如果你是一位企业的经营者，那么通过定期阅读相关的专业杂志，你可以了解到更多有关"经营"方面的知识。

要点

当你偶然看到一篇感兴趣的报道时，也要学会借此继续深入地挖掘信息。基本上可以按照以下的流程进行：

杂志（产生了兴趣）→入门书（先了解一下相关知识）→专业书（认认真真地学习）。

通过阅读杂志，打开搜集信息的"天线"，从而获取更大的回报。

15 从网上搜集信息

表面上看似轻松，实则却有难以想象的困难

对于文章的写作者来说，从互联网上高效搜集信息的技能变得越来越重要。

互联网拥有海量的信息，以前不得不去图书馆才能检索到的内容，现在只需动动手指头，就能瞬间搜索出来。

但这样也带来了新的问题：网上夹杂着很多虚假或错误的信息，通过网络搜集信息的方式，表面上看似轻松，实则却存在难以想象的困难。

▶利用搜索功能

利用谷歌等搜索引擎，我们可以在很短的时间内找到有用的信息。但在搜索时，也需要先掌握基本的"关键词"技巧才行。

比如，你打算了解"治疗过敏的方法"，会怎样做呢？

①在搜索框中输入"过敏"

②在搜索框中输入"过敏 疗法"

如果你对"过敏"一无所知，可以采用①的关键词搜索；如果你
已经掌握了一定的知识，就可以像②用加空格的方式输入多个关键词
搜索。这样才更容易搜出有关"治疗过敏"的内容。

当然，除了"疗法"一词外，还可以尝试使用"过敏 治疗方
法""过敏 痊愈"等关键词的组合进行搜索，这样就不容易错过更
多有用的信息。

此外，还必须打开"天线"，主动地捕获信息。

③在搜索框中输入"有效治疗过敏 温泉"
④在搜索框中输入"有效治疗过敏 温泉 箱根①"

像③这样，将"疗法"一词替换成"温泉"后，你就能轻松搜索
出能有效治疗过敏症状的温泉的相关信息。

还可以像④这样，再加入具体的地名，更加接近你所需的信息。

在互联网上进行搜索时，最重要的仍然是打开搜集信息的"天
线"。换言之，就是要清楚"应该搜集到何种程度的信息"。

越是明确知道自己需要哪些信息的人（也就是打开了具体"天
线"的人），越是会灵活运用多个关键词来进行搜索。

———————————

① 译者注：日本的一处温泉胜地。

另外，如果文章的写作主题还未明确，那么可以先用"过敏"这一个关键词进行笼统的搜索。之后，再一点点地缩小范围。

▶在搜索时需要带有"目的意识"与"假设"

为了从海量的网络信息中，找出所需的有用信息，我们必须提升"准确捕获信息的能力"。

为此，必须拥有清晰的"目的意识"（打开"天线"），同时还要能提出必要的"假设"——"互联网上，应该有关于××的介绍吧？"

▶目的意识

→想在附近找到一处能治疗过敏的温泉。

▶假设

→互联网上，应该能找到对治疗过敏很有效、著名的箱根温泉旅馆的介绍。

为了高效率地搜索信息，还有一种实用的方法：先假设一个场景，然后预测在这种场景下可能会写出的内容。

带着患"过敏"症的女儿去了箱根的温泉。结果真的很有效，仅用了三天时间，皮肤的状态就有了明显的改善。

例如，你预测会有上面这样的文字，就可以在搜索框中输入关键词"过敏 有效 箱根"。

能按照"提出假设并进行预测→搜索→验证"这一流程去做的人，不会再乱搜一通，利用好搜索功能肯定能找到所必需的信息。

使用搜索引擎的小技巧

①善用减号

当你想从搜索出的结果中，排除掉某些关键词内容时，可以通过加上"-"（减号）来实现。注意，请在减号的前面插入一个空格，并紧接着减号的后面打上想要排除的"关键词"。

例如，你想搜索有关"世界杯"的信息，但要排除与"足球"相关的内容。这时，你就可以在搜索框里输入"世界杯 -足球"。这样一来，显示的有关"世界杯"的搜索结果中，就不会包含与"足球"相关的内容（如排球世界杯、橄榄球世界杯等页面）。

②以短语进行搜索

一般来说，如果不添加空格，而是在搜索框中连续输入多个"关键词"后，搜索出的结果会大幅增加。但是，其中也可能只是与部分"关键词"相一致的内容。

当我们输入"人气演歌歌手"后，搜出的可能会是与"人气""演歌[①]""歌手""人气演歌""演歌歌手"等有关的任意内容。

---

① 译者注：日本特有的一种歌曲，可以理解成日本的经典老歌。

如何才能让电脑将"人气演歌歌手"视作一个完整的短语呢？我们可以使用英文状态下的双引号（""），将其整个括起来——"人气演歌歌手"。这样的话，搜出的内容都是与其完全相一致的了。

▶互联网上的信息真假难辨

互联网上虽然拥有海量的信息，但也同样存在着虚假或错误的信息。别说第一手信息了，很多内容甚至连二手信息都算不上，有的是通过对二手信息进行加工和再编辑而成的。

因此，当我们从互联网上获取信息时，一定要确定其是否真实可信。我们必须亲自去搜寻第一手的信息，例如，对网站经营者进行调查，或者从多个信息源处获取信息，甚至还可以找出更加确凿的依据（可让我们得出正确判断的证据）。

如果你的文章是基于完全不准确的信息写成的，那么你给人的可信度也会因此大打折扣。作为一名写作者，为了保住自身的价值，同时也为了让互联网上不再有更多的虚假错误信息，请务必搜集真实可靠的信息。

▶找到可靠信息的发布者

在互联网上搜集信息的一种方法，就是事先找到可靠信息的发布者。他们除了会筛选整理有用的信息外，还会加入适当的解说，将其以通俗易懂的形式发布出来。

"关于美容方面的内容，可以看××的博客""关于TOEIC考试的技巧，可以看××的帖子""关于消费趋势的解说，可以找××

的文章来读"——像这样，事先确定值得信赖的可靠信息发布者，能降低遭遇虚假或错误信息的风险。特别推荐经常定期撰写某一特定领域文章的人，使用这种搜集信息的方法。

▶浏览NAVER聚合网站

"NAVER[①]聚合"是一个供用户生成内容的平台，个人用户可以将互联网上的各种信息进行搜集整理后，再将其展示为一个单独的网页。因此，大大节省了我们自己进行搜索和比较的时间。对于那些想迅速获取特定信息的人来说，这是特别有用的。

例如，我们在"NAVER聚合"网站上搜索"商务礼仪"这个关键词，就会显示出许多有关"商务礼仪"的推荐网页。

不过，这里所汇聚的信息，其可靠性也并不能得到保障。

由于互联网上充斥着许多匿名发布的信息，因此对其真伪的判断只能由写作者自己去完成。有的人可能无法凭自己的能力去验证某些信息，却在继续散布着这些错误信息。所以，请务必多加注意。

▶使用"RSS聚合器"和"谷歌快讯"等服务

"RSS聚合器"可以自动显示你所关注的网站的更新信息。将相关网站的RSS信息输入"RSS聚合器"中，当有更新内容时就会自动出现提醒。这样我们就可以毫不费力地搜集信息了。

还有，在"谷歌快讯"服务中，用户可以输入自己关心的"关键

---

① 译者注：韩国的最大的搜索引擎和门户网站。

词"。这样的话，一旦发现与该关键词一致的最新搜索结果，网站就会自动向用户发送电子邮件或RSS更新信息。你可以从打算撰写的文章主题中挑选出一些"关键词"，如商品名称、服务名称、某某话题等。

此外，在互联网上你还可以找到各种新闻订阅与信息推送服务。结合搜集信息的用途和易用程度，可以灵活地使用这些功能。

要点

想要从互联网上搜集到有用的信息，最重要的是要先明白"网上都充斥着什么样的信息"。然后在此前提下，再灵活地使用搜索引擎以及各种工具和App。

16　如何获取个人发布的第一手信息

互联网上也有宝贵的信息

从互联网上搜集信息的一个有趣之处，就在于能找到由个人发布的第一手信息。

像博客、Twitter、Facebook、Instagram、LINE、YouTube等这些可供用户发布内容的SNS出现以来，互联网上"个人发布的第一手信息"数量与日俱增。

虽然这些个人发布的信息，不可能像大众传媒那样经过专业的梳理，也无法保证其准确性和可靠性，但是，只要能规避这些风险，你就可以从中获取在书、杂志或报纸等传统媒体上找不到的宝贵信息。

实际上，原本一家毫无人气的拉面店，也可能会因为某个用户在Twitter上发的一句"特别好吃！"，就从此变成了网红人气小店。

除此之外，一些突发新闻可能在被传统媒体报道之前，就已经在SNS上流传开了。所以，你可以在其上搜集到传媒还未公开报道的重要信息。

由此可见，这些由个人发布的信息的确是不能被忽视的，以至于现今很多传统媒体，也会将SNS作为重要新闻的信息源。

不过，对于个人所发布的信息全部"照单全收"或者肆意地扩散，也是很危险的一件事。匿名的信息自不必说，那些实名发布的信息，也一样要对其内容的可靠性持怀疑态度。因为个人在互联网上发布信息时，所要担负的责任是很轻微的（即便是错误的信息，几乎所有人都会认为"只要删掉就行了"）。

先确认好"信息的来源"，再写文章

我个人认为，无论是何种信息，文章的写作者都有责任先进行验证（找到可让我们得出正确判断的证据），然后才能用作文章的素材。

不仅限于互联网或SNS上的内容，一切信息的真伪，最终都只能由文章的写作者来负责。

验证信息有很多种方法，如"请当事者确认""自己去尝试""找出信息的出处（特别是最原始的出处）"等。

另外，对于存疑的内容，不能仅限于某一个信息源，而是要多找几个可以信赖的信息源，加以确认。

万一我们在未经确认的情况下，将这些信息用到了自己的文章里，可能就会让读者感觉"这是个粗心的家伙""太过轻率""编造谎言"。对于写作者来说，最可怕的事情莫过于"信用崩塌"。一旦失去了信用，之后无论我们再写出多么了不起的文章，也仍会被人贴上"这家伙写的文章不可信"的标签。

要点

　　"擅长搜集信息"也就意味着"擅长对信息进行验证"。当我们对搜集到的信息产生怀疑时——"这是真的吗？"——一定要进行验证。换句话说，我们的目标就是要树立起自己的口碑——"既然是××写的文章，一定不会有问题"。

17 从电视上搜集信息

只要贴近文章的主题就可以

电视媒体上的信息比较繁杂，而且也很难进行搜索，所以不具备成为"信息源"的优势。

从"获取有用信息"的角度来说，漫无目的地看电视是最糟糕的行为（如果只是为了娱乐，就另当别论了）。这不仅会浪费我们的时间，而且所获得的信息量也偏少。

假如你想将电视节目当作自己的信息源，最好用录像机将贴近文章写作主题的内容，都事先录制下来（推荐使用提供预约录制功能的机型）。而且，回看录制的内容时，可以跳过广告的部分。

顺便说一下，我会定期录制的都是像《情热大陆》这样的纪录片节目。因为"采访→发布信息"这样的制作流程，与我所热衷研究的文章写作方法（这是我最重要的一个"天线"）有非常相似的地方，所以能从中学到知识。重要的是，自己要学会对电视节目进行取舍。

要点

虽然现在电视节目的影响力大不如前，但其内容或多或少仍算是整个社会的一个侧影。对于那些想要探讨"社会"或"文化"等主题的人，抑或是打开了"媒体""娱乐圈""八卦""亚文化"等"天线"的人来说，电视节目也是很重要的信息源。

18 从媒体上搜集信息

从视频中搜集有效信息

与电视节目相比，从互联网上的视频中搜集信息容易很多。近年来，YouTube网站的用户数量一直在增加，视频的种类也变得更加多样化，一些高质量的付费视频服务也在迅速增长。由于智能手机的普及，人们在上班、上学的途中，或者悠闲地喝咖啡时，也能轻松地观看视频。

像"英语会话""作图方法""乐器演奏技法""××的制作方法""××相关的图解说明""××的人品"等内容，采用视频的方式要比文字更容易传递信息。

但是，同互联网上的其他信息一样，免费视频中的信息大多真伪难辨，其中也不乏许多低质量的信息。

要想更有效地搜集有用信息，我们就要避免下意识地点开各种视频的行为（要让自己处于搜集信息的状态）。

重要的是，我们应提升搜索的技能，找到可靠的信息发布者，才能搜集到有用的信息。当然，做到这一切的大前提，还是打开搜集信息的"天线"。

要点

由于视频不可能像书那样贴上便笺或画线标注，所以一定要在看到重要信息的时候，就当即做笔记。

19 信息搜集要从"整体"走向"局部"

先把握"整体"，才能看懂"细节"

当文章的写作主题明确时，搜集信息的工作就要遵从"整体→局部"的顺序。

比如，你打算以"阿富汗的大麻问题"为主题撰写文章，那么，当你去图书馆检索与"大麻"有关的资料时，下面的①与②应该先阅读哪一个呢？

资料①：阿富汗的大麻问题；

资料②：全球的大麻问题。

按照之前所说的信息搜集顺序，理想的做法应该是先看资料②，然后再看资料①。其中，资料②属于"整体的信息"，资料①则属于"局部的信息"。

如果一上来就阅读"局部的信息"（资料①），即便掌握了其中的信息，也仍然弄不懂"这到底意味着什么"。

如果不事先了解有关"大麻问题"的整体信息，也就无法解读"阿富汗种植大麻"这一问题的严重性（实际上，阿富汗是全世界为数不多的大麻脂生产国之一）。

而如果先阅读"整体的信息"（资料②），就可以掌握与该主题（"大麻"）有关的整体情况，你将能获取有关"全球的大麻问题"的很多信息。例如：某些国家将"大麻"合法化、大麻原料的种植是某国的一大经济产业，还有，日本政府也正在讨论放宽"工业大麻"的限制政策等。

通过资料②搜集到"整体的信息"后，再通过资料①来搜集"局部的信息"，这样我们才能对所有的信息进行正确的"解读"。也就是说，理解"阿富汗种植大麻"这一问题的严重性。

信息串联后会更具价值

无论你死记硬背了多少英语单词，如果不了解英语的结构（包括语法等），依然很难用英语进行沟通和交流。如果不知道疑问句的句型，仅靠单词的排列组合是不可能拼出"What is your name? "这个句子的。由此可见，"局部信息"（单词）的价值会因"整体信息"（疑问句的句型）而变化。

换句话说，信息并不是一个个独立存在的，大大小小的信息只有与其他的信息串联起来以后，才会更具价值。因此，在搜集信息时，务必兼顾"整体"与"局部"这两方面。

之前我说过，搜集信息的顺序应该是"整体→局部"，但是，这并不意味着"局部→整体"的搜集方式就完全没有必要。

最初，是对"北海道在北见市设立了种植'工业大麻'的特区"这一信息产生了兴趣，然后为了弄清楚这件事，继而对"大麻"这个话题也产生了兴趣，于是便开始搜集"整体的信息"——像这样的情况，也是很多见的。

但相比之下，预先设定好某个目的（打开"大线"），再按"整体→局部"的顺序搜集信息，能够加深我们对这一主题的理解。这才是最有效率的一种做法。

要点

在主题明确的前提下，按"整体→局部"的顺序搜集信息，能让我们少走许多弯路。

20　面对信息大爆炸，要撑起"防御盾牌"

当SMAP组合[①]预告解散时，我们该如何搜集信息

2016年1月"SMAP组合对外界宣布即将解散"。一时间，从体育报纸到电视节目、互联网以及杂志等媒体上，全都在讨论这一话题。

不只是媒体开始骚动起来，在这一事件发生后的一周里，从家庭到职场，再到SNS上，也都是关于"SMAP预告解散"的热议。有人是被互联网上狂轰滥炸的信息所影响，才开始关注SMAP组合的相关报道。

当时，很多人都只是被动获取"SMAP组合预告解散"的信息。而在此之前，又有多少人是一直开着"SMAP信息"这一"天线"的呢？（除去狂热的粉丝群体，恐怕就只有很少数的人了吧？）

有的人先是点开了"SMAP预告解散"的新闻报道，接着又浏览了关联的新闻……等到回过神来时，才发现已经在互联网上停留了

---

① 译者注：日本民间偶像团体，名字取自"Sports Music Assemble People"的首字母。

好几个小时——这就是信息大爆炸的社会给我们挖下的"陷阱"。而且，智能手机的普及让我们更容易获取相关的信息，这就使得"陷阱"变得越来越大。

"SMAP预告解散"这件事就是一个例子。不论你关心与否，每天都有海量的信息在围绕着我们。

但是，如果一直受其影响，我们就很难抓住那些真正有用的信息了。因为大部分"被动获取的信息"对我们来说，都只是"噪声"而已。

到目前为止，本书一直在强调"要打开搜集信息的天线"。但与此同时，我们还需要撑起另一样东西，那就是，能阻拦无用信息的"防御盾牌"。

还是以"SMAP预告解散"的信息为例。当你发现晨报上每天都会报道"SMAP组合即将解散"的新闻时，就应提前撑起"防御盾牌"了。

"天线+盾牌"能提升搜集信息的能力

我们身处海量的信息中，会产生"正在获取重要信息"的感觉，但那不过是"被动地向大脑中输入信息=对自己来说很重要的信息"的错觉。

无论我们接触到多少信息，如果其不能使我们产生有益的输出内容（写作、说话、行为等），就是毫无意义的。

恐怕，很少有人会对SMAP组合的相关信息进行独立的分析与思考，然后基于此写出一份《从SMAP组合解散事件看人才管理的改善之处》的报告吧？如果真有这样的人，一定是善于利用信息的达人。

①为了搜集必要的信息"打开天线"；
②为了阻拦不必要的信息"撑起防御盾牌"。

在此前一直推荐的①的基础上，再实践②，就能让你搜集信息的效率和精度大大提升。

要点

　　这个世界上纵横交错的各类信息，真的都是你所需要的吗？到底"有用"还是"无用"，完全由你自己来下判断。

　　如果你不想被动获取那些无用的信息，就必须撑起保护自己的"防御盾牌"，主动辨别出"××信息对我是无用的"。实际上，在辨别的一瞬间，你的"防御盾牌"就已经撑起来了。

第 **3** 章

STEP②搜集素材——
搜集内部信息

21　梳理自己的经历

请先进行回忆

存在于自己内心的信息，叫作内部信息。其中，最适合拿来作为写作素材的，就是我们自身曾有过的经历了。

为了将这些经历从记忆中重新读取出来，我们必须先进行回忆。

比如，作为一名面向中学生的补习班经营者，当你打算在博客上撰写介绍创业经验的文章时，有哪些经历可以用呢？

举例来说，我们可以尝试梳理曾经的失败经历，这些都比较适合用作文章的素材（表3-1）。像我们梳理出的这8个失败经历，就可以用到即将撰写的博客文章中。

在梳理出失败经历后，接下来要做的，就是梳理出应对措施（改善对策等）（表3-2）。"失败→改善"是让读者产生兴趣的经典套路。

当然，除了失败的经历，还有其他各种各样的经历（如下面的这些例子）。不管哪一种，我们都要继续梳理出应对措施。

表 3-1　补习班经营者的失败经历

① 初期开支过大，导致才开办两年便现金流告急	② 除了上课以外，很少与学生交流，没能了解每一个学生的性格特点	③ 没有对授课教师进行相关的培训（接到过家长的投诉，说有的老师上课时竟然从来不看学生）
④ 在未了解原因的情况下，训斥了未提交作业的学生，导致其后来退班	经营补习班的失败经历	⑤ 很少进行测验，也没有公示取得高分的名单，导致学生在学业上缺少竞争
⑥ 把品行不好、不爱学习的学生招进了班里，结果严重影响课堂教学效果	⑦ 遭遇生源问题：虽然下调了学费，但仍然招不到学生	⑧ 自习室的环境很差（能听到旁边办公室的说话声）、学生们无法安心自习

表 3-2　失败之后的应对措施（改善对策）

① 初期的开支一定不能太大（保持最低限度即可）	② 在授课之余，多与学生闲聊。还可以通过一周一次、每次三分钟的交流，了解孩子们的性格和现状	③ 对授课教师进行培训（特别要改善对待学生的态度和说话方式）
④ 经常与未交作业的学生进行交流，了解其中的原因。最终使其能够按时交作业	失败之后的应对措施（改善对策）	⑤ 增加测验的次数，并公布高分者。调动起学生们的竞争意识，从而使成绩都有所提升
⑥ 制订招生的方案，坚决不能把品行不好、不爱学习的学生招进班里	⑦ 无论经营状态如何，都不能上调学费（把精力放在提高教学质量、提升学生成绩上）	⑧ 设立新的自习室，做好隔音的同时，还要提供适于学习的照明条件与室温。营造让学生能集中精力学习的环境

成功的经历／开心的经历／感动的经历／不可思议的经历／奇迹般的经历／令人吃惊的经历／痛苦的经历／悲伤的经历／失望的经历……

要想写出过去的事情，首先要回忆起"当时的经历"才行。而很多事情真的是会一边梳理，一边慢慢从记忆中浮现出来的。所以，还是先动手试着写一写吧。

如果实在回忆不起来，也可以先从"关键的记忆"开始入手。仍然以补习班的经营者为例，可以先回忆一下"学生以及家长们的相貌""教师或自习室的场景"，然后再一点点地回忆具体经历的事。

你还可以借助相册或者手机中保存的照片，回想曾经的经历。同笔记本一样，照片也属于"大脑的外置硬盘"。根据不同的情况，有时还能让你找回鲜明的记忆哦。

当我们能自由地回忆起深埋在记忆中的经历时，那种"不知道该写什么"的烦恼自然也就没有了。

要点

与就某一个"点"进行的阐述相比，将"点"与"点"串联成"线"的阐述方式，能使曾经的经历变得更为立体，读者也更容易进行想象。"失败的经历→应对的措施"这样的梳理方式，就是在"点"与"点"之间串起了一根"线"。

22　梳理自己的情感与想法

仅描述客观事实，难以引起读者的共鸣

内部信息中最重要的是"情感"与"想法"这两大要素。

特别是个人在SNS上撰写文字的时候，如果不加入自己的情感或想法，就很难让人产生阅读的兴趣。

原文

开始经营补习班的第三年，学生人数下降了许多，而且招生也遇到了困难。当时，我只好做出下调学费的决定。

现在看来，这是为了招生而做出的"下策"之举。但是，当时我却单纯地以为"只要降价，就能招到学生"。

然而，真正那样去做了以后，却发现还是招不到学生。

在接受了现实以后，我开始重新反思补习班的经营策略。我为每一名学生都量身定制了授课安排。此外，还将整个管理风格转变为"结果导向型"。把所有精力都放在努力提升补习班自身的品牌价值上。

没过多久，这些努力就带来了成效……

这是基于上一节"梳理经验"的第⑦点所写出的文章。前半部分主要是失败的经历，而后半部分则是应对的措施。这样才是一次完整的"失败→改善"总结。

但是，由于写作者没有加入自身的情感或想法，所以我们看完以后，总感觉缺了点什么。仅仅描述客观事实的文字是没有温度的（也可以说是冷漠的），很难引起他人的共鸣和情感代入。

所有的经历，一定会带有当事者的情感想法。如果不把这些内容写到文章里，读者就很难被打动。

表 3-3　失败的经历→应对的措施①

失败的经历	遭遇生源问题：虽然下调了学费，但仍然招不到学生
情感或想法	
应对的措施	无论经营状况如何，都不能上调学费（把精力放在提高教学质量、提升学生成绩上）
情感或想法	

你可以通过这张表格，梳理出在各种情况下（失败的经历→应对的措施），当时的"所思所想"。

你能否回想起当时的情感或想法，决定了你经历的这些事情的真实性。

不要强迫自己去回忆，而是要从当时所经历的具体内容（景色、话语、状况、味道、感觉等）开始想起。

照片、电影、音乐、物品等，如果手边有与之相关的物件，也可以帮助我们进一步地找回记忆。

表 3-4 失败的经历→应对的措施②

失败的经历	遭遇生源问题：虽然下调了学费，但仍然招不到学生
情感或想法	内心很受打击，感觉就像被别人说"这家补习班毫无价值"。自己曾有的骄傲和自豪感都崩溃了
应对的措施	无论经营状况如何，都不能上调学费（把精力放在提高教学质量、提升学生成绩上）
情感或想法	在感到安心的同时，也要牢记这个教训。越是在经营遇到困难的时候，越是要努力提升学生们的成绩

像这样，将你当时的情感和想法，全都写到表格里，经过一番梳理后，你才真正获得了所需的内部信息。不仅如此，整篇文章的结构也变得很清晰了。

平平无奇的文章→能打动读者的文章

梳理出情感或想法之后，就可以马上写成文字。

我们可以在之前的例文中，再加入新的内容。

修正后

开始经营补习班的第三年，学生人数突然下降了许多，而且招生也遇到了困难。当时，我只好做出下调学费的决定。

现在看来，这是为了招生而做出的"下策"之举。但是，当时我却单纯地以为"只要降价，就能招到学生"。

然而，真正那样去做了以后，却发现还是招不到学生。

这让我的内心受到了前所未有的打击。即使下调了学费却依然招不到学生，就好像被别人说"这家补习班毫无价值"一样（实际上也确实如此）。

无法接受如此严重事态的我，感觉自己曾有的骄傲和自豪感都崩溃了。

在接受了现实以后，我开始重新反思补习班的经营策略。我为每一名学生都量身定制了授课安排。此外，还将整个管理风格转变为"结果导向型"。把所有精力都放在努力提升补习班自身的品牌价值上。

没过多久，这些努力就带来了成效。

虽然可以暂时松一口气，但是我发誓自己要牢记这个教训。今后，越是在经营遇到困难的时候，越是要努力提升学生们的成绩。这次的经历十分宝贵，因为它让我认识到了经营的本质。

画线的几处文字，就是写作者的情感与想法。

原本由于缺少这些内容，所以读起来就是一篇平平无奇的文章；而经修正以后，就转变成了一篇能打动读者的文章。之所以能打动读者，不是因为文章中所描述的客观事实，恰恰是写作者加入了自身的情感，即内部信息。

除了失败的经历，像成功的经历、开心的经历、感动的经历、痛苦的经历等，都可以采用相同的方法进行梳理。

在梳理经历（客观事实）的同时，请务必一同梳理自己当时的情绪以及所思所想。因为读者并不关心事情本身，而是想知道当事者内心的真实情感与想法。

反言之，要想引起读者的共鸣，写作者就必须坦诚展现自己的内心。

要点

宝贵的经历当然是越多越好，或者说，内心的情感或萌发的想法越多越好，这样我们才能写出更棒的文章。常言道"人生没有无用的经历"，在写作文章时，这句格言也一样适用。

23 挖掘信息的工具①——"为什么"

为了深入挖掘信息，需要问一问"为什么"

参照第一章的《文章都源自"疑问"》（请看第21页的内容）一节中所说的内容，我们在获取内部信息的时候，也可以采用相同的思路。这里就介绍一下，能帮助你挖掘内部信息的工具。

其一，就是"为什么"（Why）。

▶感觉今天没有干劲→自问："为什么？"

▶想把头发染成浅茶色→自问："为什么？"

▶虽然不喜欢看体育比赛，却会关注体育新闻→自问："为什么？"

▶之前一直都穿裤装，今天却决定换上连衣裙→自问："为什么？"

一切行为和想法的背后都有其理由。如果你想写出"好文章"，就一定要先找出这些理由。

也许你会说"不，那就是毫无理由的"，这只能说明你还没有完全认识到自己的"内在面"。请运用"为什么"这一工具，来积极地与自己的内在面进行对话。

面对"为什么"时，"直觉"也是一种答案

请大家试着给出自己的回答吧，哪怕是像"全凭直觉"这样的答案，也是可以的。当你认为全凭直觉时，自己可能也会觉得不太准确。没关系，我们可以继续对其进行修正。

①明明打算去吃日本料理，结果却选了一家意大利餐厅。

②自问："为什么？"

③……自己也说不清楚。当时走在路上，无意间看到了意大利餐厅的广告牌，然后就想去吃吃看……

④啊，不对！是因为我当时很想喝咖啡！日料店肯定是不提供咖啡的，所以才会下意识地选择了意大利餐厅！

我们可以像这样，一步步地在头脑中进行自问自答。

如果只进行到第③步"自己也说不清楚"，那么我们就无法获取真正的内部信息，也就无法将其写成文字。

因此，一定要向前再多迈一步——④，像这样直觉式的回答，能够激活头脑的思维，从而推导出真正的理由——"当时很想喝咖啡"。

第一时间想到的答案，往往是最重要的。哪怕是"全凭直觉"这样的理由，也没有问题。只要大脑思维变得活跃起来，我们就能够挖

掘出深埋在潜意识下的内部信息。可以说，在此过程中，第一时间所给出的"答案"发挥了重要的作用。

在找到答案以后，不能仅停留在头脑中，要尽可能将其输出。理想的做法是写到手账或笔记本上，将内容变得可视化。

如果我们无法确定头脑中模糊不清的内容，是否真的就是自己的情感或想法——以我的经验是，只有通过阅读可视化的文字，才能真正面对自己的内在面。

要点

通过反复进行"为什么？→回答"的过程，我们可以养成与自己对话的习惯。这样才能更轻松地获取内部信息。

与自己进行对话，能深化我们的思考，使我们更加成熟。所以，深入挖掘信息的工具——"为什么？"已经超越了写作文章的范畴，对我们的人生也会产生积极的影响。

24　附加选项——用"说到底"进一步地深入挖掘

"说到底"，是对自己的内在提出更尖锐的"问题"

可与"为什么"一同使用、起到强化信息挖掘效果的一个词，就是"说到底"。

"说到底"在逻辑上意味着要探究"事物的源头或本质"。也就是，人类言行举止的"动机或理由"。

▶说到底，为什么我从不吃早饭呢？

▶说到底，为什么我喜欢看搞笑的综艺节目呢？

▶说到底，为什么我讨厌抽烟呢？

像这样，在提问"为什么"时，加上"说到底"三个字，能对自己的内在提出更尖锐的问题。

对于撰写文章来说，也是一样的。我们平时就经常使用"说到底"梳理自己的情感与想法，可以更容易搜集到内部信息。

▶说到底，为什么我会选择从事这项工作呢？

▶说到底，为什么我会选择那个人成为自己的合作伙伴呢？

▶说到底，为什么我会对未来感到不安呢？

▶说到底，为什么我会讨厌自己的母亲呢？

用"说到底"找到背后隐藏的答案

"我完全不了解我自己……"像这样回答的人，严格来说是不愿意面对自己。他们可能就是固执地认为"毫无理由"，也可能是为了掩饰某些不愿提及的原因。

当面对"说到底，为什么我会讨厌自己的母亲呢？"这样的问题时，有些人确实很难轻松给出答案。

但是，如果我们不向自己提问，就永远不可能找出背后隐藏的答案（也包括近似答案的内容）。

正如前文所说的那样，第一时间所想到的答案是很重要的。如果没有它，也就没有接下来的提问和思考（整个思路中断了）。为了不关闭寻找"答案"的通道，一定要第一时间先想出一个回答。

能挖掘自己的内在并时常客观审视自我的人，所说出的话语往往都是有分量、有深度的。因为他们能看清自己真正的内在面。这也是在做任何判断时的一个"基准"。

例如，当你清楚地认识到自己的价值观是"从不歧视他人"时，就可以基于此去阐述意见或做出行为。也就是说，能够以一贯的视角去分析周边的现象，并得出自己的见解。

如果你想在文章中写出自己的意见或想法，请务必先用"说到底"这三个字对自己进行提问，以此搜集更多的内部信息。

25　挖掘信息的工具②——"怎样做"

需要第一时间给出的回答

与"为什么"一样，挖掘信息时可用的另一个工具是"怎样做"（How）。

"为什么"用来挖掘理由、依据以及动机等信息，而"怎样做"则可以用来挖掘内容、手段等信息。

▶**曾做过特别美味的粥**

→自问："当时是怎样做的呢？"

▶**曾写过一本篇幅在300页的小说**

→自问："当时是怎样做的呢？"

▶**销售业绩曾经位居榜首**

→自问："为了提升销售业绩，当时是怎样做的呢？"

也许你一时半会儿想不出"正确"的答案。不过没关系，就像自问"为什么"时一样，可以在第一时间先给出一个回答。

"如何提升销售业绩，这我还真说不清楚。不过，当时与客户预约见面的电话倒是打了不少……"

能给出这样的回答就可以了。这也许并非"正确"的答案，却可以让我们从中获得启发，从而推导出新的答案。

在进行逻辑性说明时也能发挥作用

在我们进行逻辑性说明时，通过"怎样做"来梳理信息，也会非常有效。例如，像上文中对"写过一本篇幅在300页的小说"进行梳理后，可以写出如下的文章。

梳理信息后写出的文章

写一本300页的小说，需要具体设定好人物角色与时代背景。在此基础上，还要将整个故事情节划分为50个小部分。之后，每天可以撰写其中的两个部分，也就是将"完成12页纸的内容"作为当天的写作目标。

"怎样做"这一工具，还能帮助我们对未来的行为做出安排（特别是方法论）。

·辞职以后，怎样做才能维持生计呢？

·如果打算开店，怎样做才能吸引客人？

·怎样做才能实现这份企划案中的内容？

人类最不了解的就是自己。因此，梳理内部信息，才令人感到如此刺激又有趣。"原来我一直有这样的想法啊！""原来我是这样的一个人啊！"——每次有这样的发现时，都会刷新我们的价值观与思想。所以，请好好享受这种新变化吧！

要点

在撰写计划、目标、方案时，可以运用"怎样做"这一工具，梳理出具体的内容和手段，这样你就能快速且有条理地撰写出文章了。

26　撰写自我探究类文章

梳理信息的过程也可以写成文章

人的思维和情感之间有着复杂的关联性，所以，有时也会遇到无法进行梳理的内部信息。

比如，前文提到的"说到底，为什么我会讨厌自己的母亲呢？"这样的问题，应该很少有人能立刻回答上来吧？

当你已经很努力地去思考，却仍无法梳理出信息时，可以试着将整个梳理的过程也写成文章。

▶将梳理信息的过程写成文章

我讨厌自己的母亲，可是，我却说不清楚讨厌的理由。她既没有喜欢妹妹胜过我，也没有总是催促我学习，甚至我在青春期时也没有挨过她的骂……

不仅如此，她反而关心我胜过关心妹妹。即使考试考砸了，仍对我笑脸相待。我也不曾记得在青春期时与她吵过架……

所以，当我想要以此为主题撰写文章时，就感觉非常痛苦。就好像在做数学或语文的题目时，之所以给出这样的答案，其背后一定是有理由的。可是，我心中只有"讨厌她"这个答案，却给不出理由。

我对母亲的情感只有"答案"，没有"理由"——这种奇怪的状态真的存在吗？

在我体会到这痛苦的一瞬间，才突然意识到了一件事。这件事也许可以算作"世纪大发现"。虽然，我不知道这一所谓的"大发现"是否适合拿来用作这篇文章的结尾，但还是想试着写下去。

因为我突然间发现，我是喜欢母亲的（笑）。哈哈哈，好好笑吧。请叫我骗子！可是，我的内心是不会撒谎的。

从小到大，我一次都没有违抗过自己的母亲（甚至连这样的想法都没有过）——我想，这就是让我内心感觉糟糕的原因吧。我觉得自己这个样子很差劲。正是这种自我厌恶的情绪，被我错误地理解成了"讨厌自己的母亲"。

哎呀，真是莫名其妙。由于结论本身就是错误的，自然也就说不出理由了。也许这就是一个信号，提醒我"要更坦诚地面对自己"。嗯，一定是这样的。

"梳理的过程"本身就是最佳的写作素材

上面的文字虽然是一篇读起来感觉怪怪的内心独白，但却是只有这位写作者才能写出来的、独一无二的文章。因为其内容全都是内部信息。

我们在梳理自己内心的情感和想法时，这个过程本身就是一个非常好的写作素材。也可以把这种内容称为"自我探究类文章"。

自我探究类文章，一般都不知道最后会是什么样的内容，所以，读者会有种"惊险刺激"的阅读体验，读起来特别有意思。此外，不管结尾是怎样的内容，都不影响其成为一篇完整的文章。

由于"写文章=进行思考"，所以经常写着写着，就找到了"答案"（刚才这篇就是很好的例子）。

当然，如果写出来的文章最终没有正式发表，也没什么关系。通过自我探究，人能真正面对自己的内心，也是很重要的一件事。

如果你在梳理信息时也遇到了困难，就试着将其写成文章吧。说不定，能意外诞生出一篇有趣的作品哦。

要点

在例文中，作者最终自己推导出了"答案"。也就是说，在记录梳理过程的同时，实际上也完成了整个梳理的工作。自我探究类文章就是具有这样令人期待的神奇作用。

27 对于信息来说，"使用"比"拥有"更重要

提升信息读写能力的技巧

"信息"并非掌握得越多越好。关键是要明白"为何而搜集"，以及"该如何使用"。可以说，信息所有者自身的认知，决定了信息的"生死"。

有的人应该听说过"信息读写能力"这一说法吧？所谓"信息读写能力"，指的是能结合自己的目标，对信息进行综合处理的一系列能力（从"搜集"到"梳理分析"，再到"编辑运用"等），也就是我们平时所说的"信息利用能力"。

要想写出"好文章"（即能达成目标的文章），就必须提升这一能力。

信息读写能力较差的人，在撰写文章时容易遇到各种问题。下面就是一些例子。

①遇到错误或虚假的信息无法辨别真伪和正确性，很容易将其用

到自己的文章里，进行二次扩散；

②轻信毫无依据的信息（无法被验证）；

③将个人的主观想法和意见，说成普遍的认知；

④撰写文章时完全不考虑读者的感受，一些内容容易引起误解和争议；

⑤照搬他人的文章（复制粘贴使用）；

⑥一味地否定、批判、指责他人的想法和意见。

正确使用信息，可让"小石子"变"大宝石"

虽然接下来的举例比较唐突，还请继续往下看。这里先假设你有一位女朋友，为了让女朋友感到惊喜，在不问对方的前提下，你知道该送什么礼物吗？

"这怎么可能！不去问本人的话，我怎么知道她想要什么啊？"——给出这样答案的人，也许就是信息读写能力较差的人哦。

而回答"我知道"的人，也许就是信息读写能力较强的人。因为，只要充分利用手边既有的信息，就可以想出最接近"令其感到惊喜"的礼物选项。

①她的房间里总会装饰着鲜花（而且，粉色系的居多）；

②几个月前开始迷上了音乐家（歌手）××的作品；

③最喜欢小狗造型的饰品，时常佩戴在身上。

①—③是你已经掌握的有关女朋友的信息，利用这些信息，你可

以想出该送什么礼物吗？

例如，基于③的信息，我们可以推导出"曾经在和她一起逛饰品店时，遇见过专卖小狗造型饰品的柜台"。这样的话，就比较接近想要的答案了。

另外，无法正确利用信息的人（信息读写能力较差的人），则完全留意不到①—③信息中的价值，无法将信息A（"送出令她惊喜的礼物"）与信息B（"小狗造型的饰品"）相联系起来。使得原本"拥有"的信息，却处于"没有被使用"的状态。

反之，能正确利用信息的人，可以将一条信息的内容进行扩展和分解，并与其他的信息相联系起来。这样一来，哪怕是"小石子"般普通的信息，也会在一番打磨之后，变成颇具价值的"大宝石"。

将信息A（"送出令她惊喜的礼物"）与信息B（"小狗造型的饰品"）相联系起来的行为，就是这样的例子。会利用信息的人，可以推导出最好的结果。

撰写文章也是一样的道理。即便在此之前，你已经提升了自己搜集信息的能力，手头掌握了许多的外部信息与内部信息，但如果你缺少灵活运用这些信息的能力（信息读写能力较差），很遗憾，你还是写不出"好文章"。

信息的价值取决于你要输出何种内容

要想提升信息读写的能力，就一定要让自己相信——所有的信息都有其"用武之地"。

信息本身可以被扩展、被分解，还可以与其他的信息相联系起来。看似毫无用处的信息，根据使用方式的不同，也可能会隐含着极高的价值。因此，我们要相信信息具有这样的"潜力"。

举例来说，如果你刚读完了一本爱迪生的传记，你的想法只是停留在"这真有意思"，就忽视了该信息的"可能性"。

而思考"能否将'爱迪生挑战困难的精神'运用到自己的工作中"的人，才是真正相信该信息"可能性"的人，所以他可能会将信息A（"爱迪生挑战困难的精神"）与信息B（自己的工作）相联系起来。

这样的人，恐怕在有了这样的想法之后，就会马上去改变自己的行为，从而提升工作的业绩（或者使自己获得成长）。这就是信息读写能力很强的人会做出的典型思考与行动。

写文章也是同样的道理。

读完爱迪生的传记以后，有的人只会写一句"故事很有意思"，有的人则会将信息A（"爱迪生挑战困难的精神"）与信息B（当前的学校教育）相联系起来，写出一篇颇有意思的社会时评。

对于这两个人来说，"爱迪生挑战困难的精神"这一信息所具有的价值可谓天壤之别。在前者看来只是一个"小石子"，而在后者看来却是一颗"大宝石"。

所以，我想说的是，信息的价值取决于你要输出（也包括写文章在内）何种内容。

对信息价值的判断，不是"有"或"没有"这么简单，而是要看

"能否加以利用"。

请大家放心，只要你在撰写文章的时候，打开必要的信息搜集"天线"，并且提升自己的信息读写能力，就一定能成为"准确发现信息价值"的人。

要点

越是能写出"好文章"（即能达成目标的文章）的人，其信息读写的能力也越强，越能灵活运用包罗万象的信息资源。原因就在于，为了实现自己的输出（写文章），他们打开了必要的"天线"。"打开天线=设定目标"，有了明确的指路牌后，就不会在信息梳理、分析、编辑、使用等方面再迷路。

第 4 章

STEP③通往"好文章"的
捷径——绘制示意图

28 用心做好"动笔前的准备"

绘制可视化的示意图→俯瞰全局

当你将信息搜集好以后，马上就会有想要写作的冲动。

但是，请先控制一下自己的情绪。因为在此之前还有件事情要做。这就是本章将要介绍的内容"动笔前的准备"。

准备①：明确目标读者；（请看第105页的内容）

准备②：了解目标读者的需求；（请看第110页的内容）

准备③：明确文章的目标；（请看第115页的内容）

准备④：预设读者的反应；（请看第118页的内容）

准备⑤：将所要传达的信息汇总成一点；（请看第122页的内容）

准备⑥：下功夫找到文章的切入点；（请看第127页的内容）

准备⑦：想好文章内容的难度；（请看第130页的内容）

准备⑧：想好文章的写作风格。（请看第132页的内容）

这8项准备工作中，最重要的是①②③。如果这3项被忽视或者没有做好，无论如何也写不出"好文章"（即能达成目标的文章）。

在做这些准备时，首先应按顺序完成第①②③项，而④以后的完成顺序则没有严格的要求。

假设有一个人正运营自己的博客主页，其主要内容是"成为王牌销售员的方法"。那么，当他打算以"销售员要学会闲聊"为主题撰写一篇博客文章时，就应该像表4-1所示的进行准备工作。

这里的表4-1，也可以称为是文章的"示意图"。我们在写作的过程中，其至包括文章写完以后，都要注意检查自己是否按照示意图的要求撰写内容。一旦发现有出入，就必须对文章做修改。

表 4-1　文章的示意图

①明确目标读者 一直在拼命努力工作，销售业绩却不见起色的销售员	②了解目标读者的需求 想了解提升销售业绩的诀窍和技巧	③明确文章的目标 看过文章的销售员马上就能掌握闲聊的技巧，使销售业绩快速上升
④预设读者的反应 "原来如此，闲聊还具有如此强大的威力啊！自己也很想试一试！"	**销售员 要学会闲聊**	⑤将所要传达的信息汇总成一点 销售员应该学会与客户闲聊
⑥下功夫找到文章的切入点 擅长闲聊vs不擅长闲聊将两种销售员的销售话术进行对比	⑦想好文章内容的难度 从事销售职位不满三年的人，以及没有阅读习惯的人，都能轻松理解的内容	⑧想好文章的写作风格 文笔要是能让读者会心一笑的轻松幽默风格

这张表中所写的内容仅仅是个示例。当①目标读者发生变化时，②—⑧的所有内容也可能会随之改变。①—⑧都不是各自独立的项目，它们像齿轮一样紧密相连。

专业的写作者或者擅长写文章的人在动笔之前，可能已经在头脑中完成了上述准备工作。但是你可能还不熟练，最好先从模仿开始。

如果你觉得"仅在头脑中完成准备工作十分有难度"，就赶紧拿出你的手账或者笔记本写出来吧。

通过这种可视化的方式俯瞰全局，对于"写给谁看？""要写什么内容？""怎样去写？"等问题，你都能看得一清二楚了。

要点

"好的准备工作，才能带来好的结果"，这同样也适用于撰写文章。将"写作前的准备"内容都可视化，将有助于我们消除内心"不知道该写什么"的烦恼。

29　准备①——明确目标读者

要让读者感觉"就是写给我看的"

在撰写文章的时候，一定要先想好"这篇文章是写给谁看的"。也就是说，要明确目标读者。

只有当目标读者十分明确时，文章才更容易向读者传递信息并打动他们。

包括SNS在内，在互联网上撰写文章时，也同样需要注意这一点。那种"写给所有人看"的想法是错误的。在信息泛滥的时代，没有特定目标读者的文章，几乎是没人会去阅读的。

重要的是，要准确设定好你的目标读者，让更多的人感觉"这篇文章就是写给我看的"。

假如，你打算写一篇关于"头发护理"的文章，那么，阅读这篇文章的人（目标读者）会是谁呢？

像"在头发护理方面遇到问题的人"这样的回答范围就显得太过笼统了。因为，关于"头发"的烦恼可谓千差万别。

随便一想，都可能会有下列的这几种情况：

· 因头发稀少而烦恼的人；

· 因头发茂密而烦恼的人；

· 因头发太细而烦恼的人；

· 因头发太粗而烦恼的人；

· 因头发自来卷而烦恼的人；

· 因头发过于毛糙而烦恼的人；

· 因严重脱发而烦恼的人；

· 因头发干枯而烦恼的人；

· 因白头发太多而烦恼的人；

· 因头发容易损伤而烦恼的人；

· 因头皮屑问题而烦恼的人⋯⋯

还有，虽然拥有"令人人都羡慕的秀发"，但本人却感到十分自卑的情况也不少见。

所以，当你打算撰写"头发护理"的内容时，一定要将目标读者细分到"因头发稀少而烦恼的人"这种程度。

不，也许到这种程度依然是不够的。

因为，每一个"因头发稀少而烦恼的人"所渴望获得的信息，也是各不相同的。

· 想了解生发的方法；

· 想了解植发的方法；

· 想了解有关"假发"的信息；

· 想了解有关"留光头"的信息……

同样是面对"头发稀少"的问题，20多岁的人与50多岁的人，他们应对的方式肯定是不同的，而男性与女性也是有差异的。

所以，我们需要按年龄和性别再进行细分。

总之，根据不同的情况，我们可能需要将目标读者设定为"因头发稀少而烦恼的20多岁的男性，并且很想了解增发的方法"。只有在设定好这一目标读者之后，才可能让读者真正感觉"这篇文章就是写给我看的"。

再换个例子。比如，你打算在博客上发表一部电影的影评，那么阅读你博客文章的读者会是谁呢？

虽然这种情况下，划分目标读者不会像"头发护理"那样繁多，但我们仍是要就此进行一番思考的。

错误的"目标读者"示例

喜欢看电影、电视剧的人 / 电影爱好者……

对"目标读者"进行细分的示例

科幻电影爱好者 / 宫崎骏动画的粉丝 / 老武侠片的粉丝 / 《星球大战》的粉丝 / 演员詹姆斯·弗兰科的粉丝 / 正在搜寻适合约会时看

的电影的人／正在搜寻适合全家人一起观看的电影的人……

成为人气作者的秘诀

我将设定目标读者的工作，形象地称为"树立旗帜"。当你树立起一个明确的"旗帜"并开始写作以后，就会召集来对这一"旗帜"能产生共鸣的人（读者），然后逐渐转变成你的粉丝。

再来看一个例子，比如你打算写一篇介绍美食信息的博客文章，同撰写影评一样，如果不对目标读者做出细分，将很难吸引更多的人阅读你的文章。

当你明确了目标读者，并写出了对其"有所贡献"的内容后，就能显著提高"文章受欢迎"的概率。

▶**目标读者：喜欢薄脆饼的人**

→取悦读者的内容：对人气烘焙店的实地探访。

▶**目标读者：对食材精挑细选的健康饮食派**

→取悦读者的内容：介绍可购买到有益身体健康的食材的商店信息。

▶**目标读者：喜欢吃酒店自助餐的人**

→取悦读者的内容：精选出东京12家高级酒店的自助餐信息。

▶**目标读者：喜欢吃平价美食的人**

→取悦读者的内容：介绍全国范围内提供外卖服务的美食信息。

▶**目标读者：想去夏威夷享受当地美食的人**
→取悦读者的内容：介绍夏威夷最具人气的10家酒店餐厅信息。

有意思的是，当很多读者聚集到你的"旗帜"之下后，其他远远关注的人（目标读者范围之外的人）也会慢慢向你靠拢——这便是成为人气博客作者的秘诀。

悲剧的是，平淡无趣的博客主页（没有树立起旗帜）本来就没有什么人气（点击量）。即使好不容易写出了一篇有用的文章，别人也会惯性地认为"没有可读的价值"。

我们正处在一个信息泛滥的时代，如果你现在还认为"只要我写出好的内容，大家就会来看我的文章"，那么很遗憾，你将得不到任何人的响应。

要点
要想引起人们的阅读兴趣与关注，就必须先明确好文章的目标读者，然后再针对这些人撰写"有所贡献的文章"。千万别忘了那句话——"写文章也是在从事服务行业"。

30 准备②——了解目标读者的需求

了解读者需求的方法

在明确了目标读者之后，接下来要做的就是了解他们的需求。"需求"就是指"必要的东西"。

如果你在没有了解读者需求的前提下就动笔写作，将很难写出一篇"有所贡献的文章"。

例如，本书的目标读者就是有"两大苦恼"的人，而我作为写作者，只有在了解了他们的真正需求之后，才能给出有用的信息。

从这个意义上来说，那些希望看完本书后能成为小说家或博客写手的人，即使他们给出"这本书毫无用处"的评论，我也完全不会在意。因为，他们原本就不是我的目标读者。

换言之，我们也无法苛求目标读者范围以外的人的喜爱。

但是，如果我的目标读者也认为"这本书毫无用处"，我就要负起责任了。

读者之所以这样说，是不是因为我没能准确了解读者的需求呢？

还是说，我在书中所写的内容，不能很好地解决他们所遇到的问题？

那么，到底该如何来把握读者的需求呢？下面将介绍4个比较有效的方法。

▶①与目标读者聊天

要想准确把握读者的需求，最有效的方法就是与其"闲聊"。很多时候，看似东拉西扯的交流，却有可能让我们发现隐藏在背后的强烈需求（像"你想阅读有关××的文章吗？"这样直接的问题，完全可以在闲聊时提出来）。

我在撰写本书之前，也曾找"不知道该写什么的人"聊过天。

实际上，本书所介绍的大部分内容，都是在和他们的闲聊中获得灵感的。想要获取重要的信息，就一定要亲赴"现场"。

▶②向目标读者发放调查问卷

调查问卷的一个优势，就是能直接问出我们想了解的内容。

当你明确自己想问什么时，就不要再在调查问卷中设置"请简单介绍一下自己的情况"这样的无用项目了，可以提出更加具体的问题，如："平时，会经常关注什么样的事情？"

调查问卷的劣势，就是很难问出所设置项目以外的内容。此外，还有的人在回答问卷时，总以为"必须写对方希望我回答的内容"（取悦对方），所以未必会写出内心的真实想法。

甚至有人会因为"实名制的调查问卷"而抗拒回答。所以，如果你想获得对方的真实想法，还是尽量采用"匿名制的调查问卷"吧。

如果是很容易回答的问题，可以利用SNS直接发布"你对×××是怎么看的？"这样的问题就可以了。

无论采用何种方式，仅靠调查问卷了解读者的需求还是不太靠谱，一定要再结合运用之前所说的闲聊。

▶③研究目标读者的生活方式

我们可以通过各种途径来研究目标读者的生活方式，如询问他人，远远地观察，从书、杂志、网站、社交网络上获取信息等。

（生活方式）示例：家庭构成／居住地／年收入／储蓄额／价值观／消费观／工作／兴趣／梦想／目标／开心的事情／烦恼的事情／担心的事情／喜欢穿什么样的衣服／喜欢开什么样的车／喜欢什么样的异性／喜欢听哪种风格的音乐／喜欢什么样的艺人……

为什么我们要做如此细致的调研呢？因为重要的需求信息，往往就隐藏在生活方式中。

例如，将"生活在大城市的女大学生"作为目标读者的话，参考她们喜欢看的杂志或网站内容，就可以让我们得出结论——与"华丽"的辞藻相比，略显"可爱"的文笔更能打动她们。

抑或，如果将"年收入不到300万日元①的人"作为目标读者，我们就可以推断出——相较于"介绍如何投资增值"的内容，他们可

---

① 译者注：约合人民币20万元。

能对"如何节省开支"更感兴趣。

掌握了目标读者的生活方式后,后文将提到的"文章内容的难度"(第130页)和"文章的写作风格"(第132页)等设定环节,就会变得更加容易。

▶④尝试做与目标读者相同的行为

大家还可以尝试做与目标读者相同的行为,这可以算是对"研究目标读者的生活方式"的一种延伸。

尽管我们都知道"把握读者的需求"十分重要,但头脑中所想的内容有时还是仅限于个人的想象。

通过做出与目标读者相同的行为,我们可以获得"切身体会"的信息。

如果你打算面向书店的店员写一篇宣传文,那么最理想的做法就是去书店,体验当一天店员的生活。

你将会了解到——"原来店员们每天都这么忙碌啊""竟然有这么多新出的书""将图书上架的时候,原来还有这么多的讲究""书店的仓库就是这样的状态啊""店员们每天的休息时间很少"等。

通过做出与目标读者相同的行为,可以了解到他们很多的实际需求。当然,如果你很难保证有一整天的体验时间,也可以只是1个小时或15分钟即可。总之,请大家务必都主动地去体验一下目标读者的生活。

要点

　　在体验目标读者生活的过程中，任何你看到的、感受到的，以及自己的所思所想，都是宝贵的素材。当你能够切身体会读者的需求后，就能依靠这种感觉来撰写文章。带着真情实感去写作，是让你与读者产生共鸣的最强"武器"。

31 准备③——明确文章的目标

"太过肤浅的目标"不可能带来最好的结果

就像我在第一章中所说的，本书将"好文章"定义为"能够达成目标的文章"。因此，在撰写文章时，必须要先明确我们的写作目标。

假设，你要撰写以下的①—③篇文章，请问，它们的写作目标分别会是什么呢？

①工作任务书→传递该工作任务的概要；

②提交给上司的企划案→传递该企划的概要；

③本公司产品的宣传单页→说明产品的特点。

上述这些目标，显然是"太过肤浅"了。如果我们不能往更深层次去思考，就无法得到最好的结果。

下面所展示的，则是经过深入思考后的目标示例：

①让人看完立刻表示"我想参加这个活动";

②让人看完立刻决定购买——"我想要这个产品";

③让人看完马上就采纳该企划——"这个方案真的很有意思"。

那么,当你要就某项活动撰写企划案的时候,该企划案的目标又应该是什么呢?

目标的差别决定了文章的质量

①准确传递该活动的大概内容;

②吸引更多参与者来报名;

③让人看完马上就想参与该活动。

①属于"较为肤浅的目标",因为"准确传递该活动的大概内容"是写作者理应完成的任务。

②和③相比较的话,因为③强调了"马上"一词,所以目标显得更为深入。

表 4-2　不同的目标带来不同的结果(报名的人数)

文章的 写作目标 读者的反应	目标① 准确传递该活动的 大概内容	目标② 吸引更多参与者来 报名	目标③ 让人看完马上就想 参与该活动
不参加	80人	60人	20人
报名参加	15人	30人	50人
马上报名参加	5人	10人	30人
报名人数总计	20人	40人	80人

从表中可以清楚地看出，不同的目标带来了不同的结果（报名的人数）。我们设定的目标越深入具体，带来的成果越大。可以说，目标的差别也决定了文章的质量（内容、结构、措辞、文笔等）。

要点

如果你要挑战徒手劈开5块砖，那么最好事先照着10块砖的难度去练习。写文章其实也是一样的要求。你能深入思考文章的写作目标吗？

32 准备④——预设读者的反应

想象读者的反应并写下来

在着手进行上一项准备工作"明确文章的目标"时，我们还可以同时"预设读者的反应"。

也许有人会疑惑："我怎么可能预测得到读者的反应？"请注意，我这里说的不是"预测"，而是"预设"。

预先设定好阅读文章的人会产生的具体反应，可以大大提升写作目标的达成率。

"预设读者的反应"其实就是广义上的"设定目标"。

人类的大脑是很聪明的，在决定好目标以后，大脑就会开始思考"如何实现这一目标"。可以说，我们的大脑中都预置了用于实现目标的"自动操作系统"。

当你给喜欢的人写情书时，如果总是担心"会不会被其嫌弃"，肯定是写不好的。人们往往越是担心什么，就越是会发生什么。

你应该想象着对方看完内容以后，眼睛里闪耀着光芒的样子——

"太高兴了，其实我也很喜欢山口先生！"

抑或，即便对方对你没有兴趣，也会在看完内容后发现"虽然之前一直没有留意过山口先生，但是，现在好像认识他了"。我们事先想象好这样的场景，就是对读者反应的一种"预设"。

对场景做出具体的想象

假如，你要写一封道歉信，在写的时候所能想象到的读者反应只是"哎，还是原谅他吧"这种程度，恐怕就很难得到对方原谅了。甚至于，还有可能触及对方的痛处，带来"火上浇油"的反作用。

要想获得对方的谅解，就要具体地想象对方看后的反应——"明白了，山口先生的道歉很有诚意，就让一切都过去吧！"

如果能预想到对方会笑着说出这句话，那么毫无疑问你写了一篇"非常棒的道歉信"。

假如，你要写一篇用于产品宣传页上的文案。如果你能预设看到这张宣传页的人最理想的反应（例如"我现在就需要它！"），那么，购买产品的概率一定会有所提升。

在博客上发表文章时，又该怎样做呢？我们应根据不同文章的内容特点，预设读者的反应（如以下的示例）。

▶有用的小知识
→"这个内容真是太有帮助啦！"

▶独立的社会评论

→ "很尖锐！原来还可以这样看问题！"

▶人与狗的动人故事

→ "真是一个好故事，眼泪都看出来了。"

▶登山游记

→ "看完我也想去登山了！"

▶手工制作饰品的教程

→ "每一个步骤都写得很详细易懂！"

▶推荐小说的书评

→ "突然好想把小说找来看一看！"

当然，不可能让所有人看完文章以后，都产生与我们预设一样的反应。但是，如果不做预设，能产生理想反应的读者人数肯定会变得更少。事先是否预设过读者的反应，将会导致写作目标的达成率产生极大的变化。

这里，再强调一次——我们的大脑中都预置了用于实现目标的"自动操作系统"，所以，我们必须利用好这一便利的系统。

要点

　　"深入思考，设定文章的写作目标→预设读者的反应"——要想写出"好文章"，请务必在此环节上多下功夫哦。

33　准备⑤——将所要传达的信息汇总成一点

什么都想写=自我满足

要想让文章发挥传递信息的作用，就不能在其中塞满各种各样的信息。信息的数量多了以后，读者阅读起来容易感到混乱。

将所要传达的信息汇总成一点，这才是最重要的。

没有汇总信息的人，或者对信息的内容未进行过思考的人，容易出现下面这些问题。

▶①一想到什么就开始动笔写

——好吧，今天就来写写有关"健康习惯"的内容吧！

"无论你多么富有，一旦失去了健康也就毫无意义了。所以，为了保持身体健康，我们应该怎样做呢？……"——怎么感觉自己写不下去了？

↓

▶②不知道自己能写什么

——说到"健康"，到底哪一种才是最重要的习惯呢？

饮食、睡眠、运动？……不对，也许应该是"避免身体积攒压力"吧？可是，我又想不到验证这一观点的依据。唉……到底该写什么啊！

↓

▶③没办法，只好去找资料

——尝试去找一找资料。嗯……搜到了好多信息，但是哪一个才是最重要的呢？……没办法，干脆全部用到文章里吧。

"首先应该注意的是绿色饮食，其次是要坚持做运动。再然后，就是要注意睡眠问题。此外，缓解内心的压力也很重要……"

↓

▶④无法得出结论，只是在文章中一味地罗列信息

——唉……总算是写完了。虽然连我自己也不清楚最终的结论是怎样的，但好歹也写了这么多内容。嗯，就这样吧。

写作者自己也许会感到十分满足，但是读者在看到这篇罗列各种信息的文章时，一定会感觉非常头疼。

这些在网上搜一搜就能获得的信息，自然是毫无价值的。而且，写作者通过文章所传达的观点也很模糊（甚至根本就没有）。

读者看完后肯定会感到无奈，并且很疑惑："他到底想表达什么？"

没有经过总结的信息，对于写作者和阅读者双方来说，都是"有百害而无一利"的。

将所要传达给读者的信息汇总成一点

如果文章是以"健康的习惯"为主题，应该像下面这样，将所要传达给读者的信息汇总成一点。

①特别关注"睡眠"方面

→"睡眠时间不足6小时，是导致一切慢性病的元凶！"

②特别关注"运动"方面

→"每天做15分钟的有氧运动，可以有效提神醒脑！"

③特别关注"饮食"方面

→"危险！摄入反式脂肪酸等同于吃'塑料'！"

④特别关注"压力"方面

→"总是去挤满员的电车会提高死亡的概率？"

像这样总结出的信息，很容易吸引读者的兴趣与关注。

中餐馆A：推荐的菜品是饺子、炒饭、拉面以及杏仁豆腐等。

中餐馆B：推荐的菜品是使用正宗和牛肉特制而成的饺子。

如果你是消费者，面对A、B这两家中餐馆，你会选择去哪家呢？恐怕大多数人会选择B。

一下子列出4种推荐菜品的中餐馆A，会让人感觉"每一种都没什么差别"。

而中餐馆B只推荐了饺子，并且重点描述其特点，从而让人产生了"想吃"的念头。

我们在找工作时，都要向企业投递个人简历。如果你是某家企业的面试官，下面A和B这两份简历，哪一个更能引起你的兴趣呢？

简历A：上大学的这三年里，我做过各种各样的兼职工作。以此让自己提前接触社会，学习有关"经济"等方面的知识。这些经历提升了我的沟通交流能力，还有领导力、决断力和执行力。

简历B：上大学的这三年里，我一直在坚持完成与自己的一个约定，那就是"每天找一位从未谋面的陌生人聊聊天"。多亏了这样的经历，让我现在无论面对什么人，都可以在第一次见面的时候就马上和他成为朋友。

简历A一下子列举了太多的"优势"，结果让人无法看出这位学生的品质与魅力。

而简历B则聚焦于"完成与自己的约定"这一件事，从中凸显了写作者独特的个性。如果我是面试官，一定会很想和这位学生好好聊一聊。

写博客时要做到"一篇文章=一个信息"

写博客时也是一样的要求。基本上要做到"一篇文章=一个信息"。即使你写的都是很有用的内容，但是，如果在一篇文章中塞入太多的信息，就会让读者感觉"很难看懂"。

①黑糖面包的制作方法；

②馅饼的制作方法；

③德式圣诞蛋糕的制作方法。

如果你是一位介绍美食菜谱的博客作者，将上述①②③的内容都放到同一篇文章里，可不是明智的做法。这样的话，每一项内容都将被稀释，导致很难向读者传递信息。最好就是将每项内容都单独写成一篇文章。

能否做到"一篇文章=一个信息"，实际上从文章的标题就能够看得出来。

将信息汇总成一点的文章，应该也会比较容易起标题（之前在"健康的习惯"中所介绍的①—④的标题，就是一个很好的例子）。

另外，如果信息没有被汇总的文章，一般也很难起好标题。所以，请务必注意这一点。

要点

文章中充斥着太多的信息并非好事，因为这会让读者感觉混乱。当互不相干的信息都出现在同一篇文章中时，请尝试将其独立出来写成新的文章。

34 准备⑥——下功夫找到文章的切入点

文章切入点要足够有特点

文章内容的切入点特别重要。换句话说，切入点也就是写作者看问题的"视角"。

假设，你要以"体寒症"为主题撰写文章，应该选择什么样的内容作为切入点呢？以下是4篇博客文章各自所选择的切入点示例。

①多数人不知道的知识，改善"体寒症"的7个偏方。

②如何用智能手机边玩游戏边治疗"体寒症"。

③"体寒症"患者的福音！

④仅需1周的时间便能治愈慢性"体寒症"。

如果选择"体寒症的病因与改善对策"这样普通的切入点，恐怕任何人都会写。只要去互联网上搜索"体寒症"，就能找到很多介绍相关信息的网站，然后再基于这些内容写出一篇文章，并不是什么难事。

但是，对于这种随便某个网站上都会登载的信息，我们真的有写的必要吗？以我的观点来看，如果选择与他人相同的切入点，也就没有写这篇文章的必要了。

重要的是，文章的切入点是否足够有特点，是否能体现出写作者的个人特色。即便是相同的信息，不同的切入点也会让你的文章变得有趣或者无聊。

作家或专栏作者所写的文章之所以很有意思，就是因为他们都找到了独特的切入点（这些想法大多源于其个人的经历，这就是很大的一个特点）。

下面就是一些能引起读者兴趣的切入点示例（括号内的编号，与上文①—④示例相对应）。

▶令人产生好奇心的切入点（①）

最好能让读者对内容产生好奇心。以"体寒症"为例，必须要有"网站上总结的信息 + α（←佐证的信息）"。其中"+ α"的内容越吸引人，越能提升文章的价值。

▶令人感到意外的切入点（②）

在挑起读者好奇心的同时，还可以寻找令人颇感意外的切入点。如果能让读者抱着"真有这种事？"这样的思考去看文章，就说明你成功了。当然，内容上也必须要令读者充分信服。

▶颠覆常识的切入点（③）

最容易引起读者兴趣的，就是颠覆常识的切入点。读者会因为惊讶"为什么作者要这样说呢？"继续看下去。如果能让持怀疑态度的读者，看到最后也觉得"同意这种观点"，你的文章就成功了。

▶以个人的经历作为切入点（④）

每个人的经历，都是这个世界上独一无二的信息。也就是说，这篇文章只有你才能写出来。如果能在抱有"对读者有所贡献"的同时，结合自己的亲身经历去写文章，一定更能引起读者的兴趣，并且看完后仍会印象深刻。

35 准备⑦——想好文章内容的难度

写作前要考虑读者的知识储备和理解能力

在写文章时要先想好内容的"难度"，必须要做到与读者的知识水平和理解能力相匹配才行。

①在"4-2-3-1"的阵型中，武藤被放在了最重要的单刀前锋位置上。

②武藤被放在距离对方球门最近的位置上，因为他是担负着带领整个球队破门得分的主力选手。

如果文章要刊登在足球杂志上，①这样的表述是完全没问题的。因为杂志的读者群都能理解"4-2-3-1"以及"单刀前锋"是什么意思。

但是，这样的表述却不能用在面向普通女性读者的杂志上。因为女性基本不看球，自然无法理解这些术语的含义。

如果文章是要刊登在女性杂志上，最好写成②这样简单易懂的程度。哪怕是对足球一无所知的人，也能很好地理解其表达的意思。

要点

让文章的内容与目标读者的知识水平以及理解能力相匹配，才是考验写作者"真功夫"的地方。千万要避免出现"一味地罗列术语，以实现自我满足"的情况。

36   准备⑧——想好文章内容的写作风格

要考虑文章的目标、刊登的媒体类型

同"内容的难度"一样，在开始撰写文章之前，我们还应想好"写作的风格"。

①婚礼最后环节，女儿读的那封信，让我不禁感动到流泪。这真是为人父母最感幸福的瞬间了。

②婚礼最后环节，女儿读的那封信真是让人感动得一塌糊涂。我的两眼都湿润了。那一刻，我真正体会到了当父母的幸福！

①和②虽然描述的是同一件事，但是文笔却迥然不同。"不禁感动到流泪"和"感动得一塌糊涂"这两种表述方式，给人的印象也是完全不一样的。①的风格更显"稳重"，②的风格则相对比较"轻松"。二者没有好坏之分，只是我们必须要根据文章的目标、刊登的媒体类型，选择相应的写作风格。

当然，你也可以写得比①或②更稳重或更幽默，抑或采用介于这二者之问的文笔描写。

　　顺便说一下，最近我感觉好像大家都倾向于阅读文笔轻松幽默的文章，特别是在SNS上，这种倾向更加明显。很多人可能不想阅读那种太过严肃的文章，所以，我们在选择写作风格时，也不能忽视了读者的需求。

第 **5** 章

STEP④——撰写文章
的"套路"

37 善用"套路"化解"不知该怎样写"

用"套路"写文章

走路、坐下、用筷子……大多数人都能很自然地完成这些动作。当我们在走路时，肯定不会想"先迈右腿，然后再迈左腿……"

因为我们的身体已经记住了这一连串的动作，"自动操作系统"已处于被激活的状态。

在撰写文章时也是一样的道理。最理想的状态是能结合所写的内容，瞬间在头脑中构思出整篇文章的蓝图——"要是说明文，就这样写。""要是感想文，就那样写。"

所以，我们需要激活写文章的"自动操作系统"。

能帮助我们达成这一状态的工具，就是本章将要介绍的"写文章的套路"。当我们能熟练运用"套路"写文章时，"不知该怎样写"的烦恼自然也就消失不见了。

▶先给出结论的"套路"（请参考第139页内容）
①结论→②理由→③具体案例→④总结

这可以说是在信息爆炸的时代，最容易让读者弄懂文章内容的一种"套路"。应用场景十分广泛，从职场文书到电子邮件、SNS等，几乎可用于撰写所有文章。

▶讲故事的"套路"（请参考第144页内容）

①挫折→②转机→③成长→④未来

这是电影、小说等经常采用的一种简化版"套路"，可以让读者代入情感，产生共鸣。

▶列举内容的"套路"（请参考第151页内容）

①整体情况→②列举A→③列举B→④列举C→⑤总结

这种"套路"非常适合用于需要列举大量信息的文章中。通过梳理并列举的方式，提高读者的理解程度。

▶提出观点的"套路"（请参考第155页内容）

①提出观点→②理由→③具体案例→④应对可预想的反驳情形→⑤再次提出观点

写作者想要提出自己的观点或意见时，可以使用这一"套路"。由于事先就已针对可能遭遇的反驳架设好了"防线"，所以更容易赢得读者的共鸣与认同。

▶在SNS上发表推荐、宣传类文案的"套路"（请参考第160页内容）

①经历（曾经负面的体验）→②之后遇到了推荐、宣传的对象（化解负面的体验）→③对其进行具体说明→④总结

这是适用于在SNS上发表推荐或宣传类文案的"套路"。先描述自己的经历，然后再进行具体说明，这样更容易引起读者的兴趣与关注。

38 先给出结论的"套路"

一点点提升读者认同度的方式

在信息量越来越多的现代社会，我们可以采用这种"套路"，在文章的一开头就给出自己的结论。

这种套路能让读者早早地记住写作者的结论，具有"更容易获得读者的理解""让读者能安心地读下去"等优点。

①结论
②理由
③具体案例
④总结

▶①结论

在重要工作或活动的当天，一定要注意早餐的质量。尽可能不要吃不好消化的食物。

▶②理由

因为，这会让你的胃肠状态变得比其他人差。

▶③具体案例

曾经，我在参加棒球比赛的当天，早餐吃得比较多，结果导致了严重的腹泻。

虽然后来勉强上场了，但是注意力很难集中，击球时只打中了4次而且还是0安打①。防守时甚至还出现了2次失误。

▶④总结

肚子和球赛都遭遇了"消化不良"的窘境。下次再也不那样做了。

①的结论是整篇文章的核心观点。可以夸张点说"看完了①，后面的内容不看也可以"。这就是该"套路"最大的特点。

当②的理由写不出来时，可以不管三七二十一，先写个"究其原因"，后面的内容就比较容易梳理出来了。这是逻辑接续词的一种妙用。

---

① 译者注：棒球及垒球运动中的一个名词，指打击手把投手投出来的球，击出到界内，使打者本身能至少安全上到一垒的情形。安打是棒球中攻击方最重要的得分利器。连续的安打更是棒球比赛中大量得分很好的方式，也是评估一个职业棒球运动员击球能力（打击率）的参考项，因此安打在赛场上显得尤为重要。

▶①结论

当你有感冒的症状时，应尽快让自己的身体保持温暖。

▶②理由

究其原因，温暖的体温可以提升人体的免疫力。据说，体温比平时增长1℃，免疫力就能增强5倍。

▶③具体案例

为了保持体温，可以多穿些衣服，在脖子后面敷上热毛巾。此外，还可以将一只脚泡在热水桶里，当小腿肚子红了以后再换另一只脚。

如果还有食欲，最好吃放了生姜和葱的味噌炖锅，可以让你的身体由内而外地发热。

▶④总结

当身体表现出感冒的征兆时，一定不能视而不见，否则容易变得更严重。尽快保持体温，并多加休息。

先给出结论的"套路"中，特别重要的就是第②点的理由，就像在例文中，给出了像"体温比平时增长1℃，免疫力就能增强5倍"这样的有力依据，读者更容易认同写作者的观点。

▶①结论

苦恼于人际关系的人，推荐大家去读一本曾在全美引起热议的书《跳出盒子——领导与自欺的管理寓言》，从中可以找到解决问题的对策。

▶②**理由**

究其原因，是那本书中明确指出了"人际关系恶化的根本原因"（自我欺骗）。只有当我们深入理解了这部分内容，才更容易改善已经恶化的人际关系。我自己就是这样处理夫妻关系的。

▶③**具体案例**

实际上，在读那本书时，我正在与妻子闹矛盾。

但是，我却从未想过问题的原因可能出在我自己的身上，总是固执地认为"妻子100%错了"。

不过，当我试着中止"自我欺骗"（有点怀疑）的行为后，夫妻关系也一点点地得以改善。几个月后，甚至又重回到了过去良好的夫妻关系。这令我自己也大吃一惊——原来"摆脱自我欺骗行为"具有如此强大的影响力。

▶④**总结**

好不容易才重新找回了夫妻间的"羁绊"。为了不再重蹈覆辙，我会定期再读一读那本书，让自己完全掌握书中所述的观点。

先给出结论的"套路"，让读者在文章的一开头就看到了写作者的观点，并且在之后的阅读过程中，会一点点地提高对该观点的认同度。

在上面的例文中，"②理由→③具体案例"的内容，会让读者对所推荐书的兴趣大增。

特别是，写作者第③点中具体描述了自己与妻子的关系。这种具有真实性的案例，会让人产生"想继续看下去"的感觉。

要点

先给出结论的"套路"，是写作者较容易使用的一种形式。通过在一开头就给出结论，可以确立整篇文章的"基调"。不会再担心遇到写着写着，突然出现"欸？我在写什么？"的迷惑。

39 讲故事的"套路"

经"转机"才获得"成长"

当你想要吸引读者的兴趣或者打动读者的内心时，采用讲故事的"套路"会比较有效果。

就像小说、电视剧、电影、演出、漫画、童话、段子、落语[①]、人物传记等，人人都喜欢听故事，因为故事中蕴藏着能调动起人们兴趣与关注的"吸引力"。

①挫折
②转机
③成长
④未来

[①] 译者注：日本的传统曲艺形式之一，与中国的单口相声类似。现今的内容大都是老百姓日常家长里短的小故事。

▶①挫折

初一那年的春天，我加入了足球俱乐部"小雀FC"。但是，我在队里是个头最矮的人，爆发力和耐力也很弱。在比赛时，总是沦为一旁的"板凳队员"。

▶②转机

直到新任教练井上的出现，才让我有了自信心。他对我说："你的特点就是敏捷性强。所以，从现在开始，要拼命训练自己的带球能力哦。"听了他的建议后，我选择相信他的话，开始日复一日地玩命训练。

▶③成长

一年以后，我成了整个团队中的核心队员。靠着灵活的带球技巧，好几次杀入对方的禁区，为破门得分贡献了自己的力量，还有地方媒体前来采访报道。

▶④未来

明年的春天，我将转至一所以足球闻名的学校。我给自己定下的目标，就是要成为校队中的核心队员，打进全国大赛。为了实现这个梦想，我会继续打磨自己的秘密武器——带球技巧。

这是一篇采用讲故事"套路"写出的文章。相信有的读者已经被这了不起的成长经历所吸引了。

在①—④中，特别重要的是①。从挫折开始说起，往往能使内容更加有意思。小说、电影等几乎都会在一开始就描述主人公的挫折经历。

被裁员、离婚、失恋、欺辱、欠债、失败、工作失误、患病、绝望、郁郁不乐、被诬陷等——在故事的一开头，就要描述主人公所遭遇的状况。

我们每个人多多少少都会有缺点和不完美的地方，因此才更容易与故事中的主人公产生共鸣。

就像例文一样，如果一上来就描述主人公是一个天才足球少年，你还会与其产生共鸣吗？恐怕，不仅不会如此，还会对其十分"反感"吧？

当然，经受了挫折的主人公如果之后没有发生任何的改变，整个故事也是很无趣的。陷入困境的主人公经由某种"转机"而获得"进化"和"成长"——这样才能让故事变得有意思。

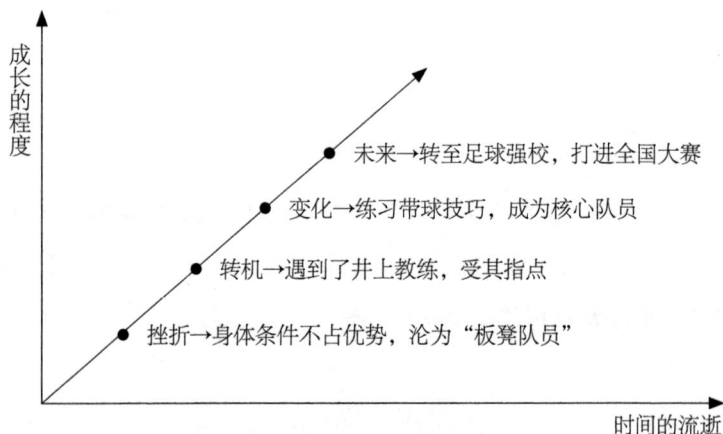

图5-1 故事的一般发展"套路"

适合用在Facebook和博客上撰写个人简历

讲故事的"套路"具有以下六大优势（先前的例文中，就已经体现出了这些优势）：

①容易引起读者的兴趣与关注；

②容易让人情感代入；（产生共鸣）

③传播写作者的想法；（信息）

④看完令人记忆深刻；

⑤任意二次传播；（口碑扩散）

⑥突出自己的语言。（原创性）

近年来，一些自由职业者、个体户、中小企业的经营者都会在Facebook或博客平台等SNS上发布自己的个人简历（包括企业官网上的"社长致辞"在内），这种场合就比较适合采用这一"套路"。

▶①挫折

因为自己对不断肥胖的身体到了忍无可忍的地步，所以在25岁时下定决心开始挑战减肥瘦身。我一度将体重从75公斤成功减到了40公斤。但是，这种不吃不喝式的减肥方法，使我患上了头疼和眩晕的慢性病，肌肉力量也萎缩到难以行走的程度。

▶②转机

要是再这样下去，恐怕就必死无疑了……我的脑海中泛起一丝恐惧的念头。后来，我接受了营养师的建议，逐步改善自己的饮食习惯，过起了以"低热量食物"（生的食材）为主的饮食生活。之后的三年里，我都坚持进行基础体力的恢复训练，并一直保持最佳的体重水平。最终，成功拥有了自己人生中最佳的健康状态。

▶③成长

29岁时我去了美国，在纽约进修营养学、科学节食的方法以及身体按摩方法。同时，也学习掌握了提供咨询顾问的技巧。2016年3月，我结合低热量食物与有氧运动开创了独特减肥方法，希望为饱受错误减肥方法摧残的人提供科学、健康的知识。

▶④未来

我的愿景是推广正确的减肥方法，打造一个"活力健康的社会"，到2030年时，彻底消灭"生活中的慢性病"。

因为写作者先写了自身的挫折经历，才让"现在所从事的事业和愿景"变得如此闪耀动人。黑暗与光明的强烈对比，是这一"套路"的价值所在。

加入过山车般的情节起伏

最后，再介绍一个简单的讲故事方法，就是要营造"情节的起伏"。当你能自如地控制起伏时，仅需数行文字便能写出一个好看的故事。

原本我以为肯定来不及了，结果多亏了出租车司机神一般的驾驶能力，竟然还比约定的时间提前了一分钟到达。

这就是一个很棒的故事。其中的情节起伏点：

（低）"原本我以为肯定来不及了"；

（高）"竟然还比约定的时间提前了一分钟到达"。

虽然我确信自己排名一定靠前，但是在看到名次时还是有些愕然。我只排在了第四位，有三个人的成绩高于我。

（高）"确信自己排名一定靠前"；

（低）"只排在了第四位，有三个人的成绩高于我"。

假如，这篇文章丝毫不提"确信自己排名一定靠前"这句话，那么我们可能无法体会写作者失落的那种情绪。"期待→失望"的高低起伏落差，更好地表现出了写作者内心的失落与失意。

顺便说一句，故事是由写作者写出来的，而不是现成摆在那儿的。因此，我们也必须要打开搜集故事素材的"天线"才行。

例如，你所在公司推出了新的产品"有机肥皂"。那么，你觉得该为宣传文案撰写一个什么样的故事呢？

（候选的故事素材）产品的特色 / 产品的概念 / 消费者能获得的

好处 / 开发流程 / 商品名称 / 所采用的技术细节 / 设计 / 功能性 / 历史与传统 / 销售方式 / 价格……

基于哪个素材来编写故事，可是十分考验写作者水平的哦。

本品所采用的原料，是由制皂匠人佐伯和也花费了近30年的时间，挑选出的马来西亚原产顶级椰油……

通过营造情节起伏——"花费了近30年的时间"——（以戏剧性的方式）向消费者传递该产品的特色。
如果没有这部分的内容，而是只写一句"使用了顶级的椰油"，那么消费者看完后的感觉是完全不一样的。

要点
人的情感很难被冷冰冰的"客观事实"（道理、数据等）所打动，但令人吃惊的是，只要我们在文章中加入一些故事性的内容，就能很容易打动阅读的人。

40 列举内容的"套路"

分项目列举出各种信息

当你想要传递的信息较多时，就可以采用这种列举内容的"套路"。将每个信息都分别列出，可以避免读者陷入混乱。

①整体情况
②列举A
③列举B
④列举C
⑤总结

▶①**整体情况**

《百分百成功的选书指南》要表达的重点内容有两个。

▶②**列举A**

其一，就是"要挑选畅销书"。

随着时间的流逝，如果这本书依然很畅销，说明它必定是一本好书。

另外，经过历史的检验依旧未被淘汰，说明"畅销书"的内容本质上并不会受其所处时代的左右（不会过时）。

在书的版权页上，会记载其发行的日期、版次和印数。版次和印数越多，就说明其卖得越好。在书店购书时务必仔细去了解哦。

▶③列举B

其二，就是"曾打动过你的作者所推荐的书"。

你之所以会被作者打动，是因为彼此的价值观和感性思维是相同的。因此，该作者所推荐的书单，或者引用过内容的书，肯定也会对你的喜好。

▶④总结

按照以上两点去选书，肯定不会失手。这些建议一定能帮到您。

像①中这样，先开门见山地表示"要点有两个""要注意五大危险性""请务必遵照以下七点诀窍"等，可以让读者对文章的结构"一目了然"。

明确给出信息的"数量"，可让读者更好地把握整体的情况——"原来如此，要点有两个啊"，这样才能轻松地继续阅读下去。

从②以后，就是分项目列举信息。最后，第④点再用一段进行总结就行了。这种写作方式，对于那些只想了解必要信息的读者来说，也是非常友好的。

在列举信息时，可以像上文这样，采用"其一、其二、其三"，或者"最初、再次、此外、最终"的顺序，还可以按照"首先、其次、最后"这样的顺序。

▶①整体情况

接下来，向大家介绍制作青豌豆饭的方法，主要有以下三个步骤。

▶②列举A

首先，将豌豆从豆荚中剥出，在加入了1/2勺盐的热水中焯一遍。

▶③列举B

其次，在电饭锅中放入大米，并在其上撒上青豌豆。

▶④列举C

最后，倒入一大勺料酒，1/2勺酱油，并加水开始煮饭。

▶⑤总结

煮好后，就是一碗香喷喷的青豌豆饭啦！

像这种说明操作步骤的文章，也是列举内容"套路"的一种表现形态。

在逻辑词的使用上，分别以"首先""其次"代替了"最初""再次"。

▶①整体情况
要想与部下之间处好关系，需在心里牢记三件事。

▶②列举A
第一，当部下犯错时，千万不要不问缘由就进行斥责。

▶③列举B
第二，平日里要经常向对方说一些感谢的话语。

▶④列举C
第三，不要在部下面前摆架子，要展现真实的自我。

▶⑤总结
上司只要做到了以上三点，就一定能被部下爱戴。

也可以像上文这样，以"第一、第二、第三"分别列出事项。

要点

列举内容的"套路"也可以应用于会议发言、演讲等场合，当你使用熟练以后，一定会让你的文章和发言的条理更加清晰、易懂。

41 提出观点的"套路"

在具体案例上下功夫

当你想要提出某个主张或观点时，就可以使用这一"套路"。这个"套路"特别适合那些喜欢表达自我想法和意见，以及喜欢写社会时评的人。

①提出观点
②理由
③具体案例
④应对可预想的反驳情形
⑤再次提出观点

▶①提出观点

做父母的最好不要总是对子女说一些否定的话语。这些话包括"你不行！""因为你太笨了！""你肯定做不到"等。

▶②理由

原因就是，对事实缺乏判断能力的小孩子，很容易在心理上受到父母亲话语的影响。

▶③具体案例

当孩子受到表扬时，就会非常有自信——"我是能做到的"；而受到否定时，就会失去自信——"自己真没用"。

所以，不管是肯定的话语，还是否定的话语，所有说给孩子的话都会直接被其视作"毫无疑问的事实"。

▶④应对可预想的反驳情形

当然，我们也不可能永远不说否定的话语。特别是，当事关孩子性命的时候，或者有可能伤害到他人的情况下，还是有必要对其进行严厉训斥的。

▶⑤再次提出观点

但是，大部分时候还是希望大家不要再说否定的话语。有很多人在成年以后，仍会被童年时遭大人否定的经历所束缚（无法自拔）。所以，做父母的责任是很重大的。

千万要注意，不能让自己的无心之语毁了孩子的才能和可能性。

"①提出观点→②理由→③具体案例"的流程，与先给出结论的"套路"很相似，只是将"结论"替换成了"观点"。

我们需要在③的"具体案例"部分多下功夫。仅仅只是摆大道理，容易被人批评"纸上谈兵""狭隘思考""偏离现实"。

提出观点"套路"的另一个重要部分，就是④"应对可预想的反驳情形"。

任何观点都会有反驳的意见。我们并不是要将④写成"击退反驳者"的内容，而是要让读者感觉"笔者也知道存在着反驳的意见"（获得共鸣）。

④这一部分可以展示写作者"广阔的视野"和"宽广的胸怀"，这样更容易让读者接纳写作者的观点。

④这一部分还具有让写作者变冷静的作用。如果写作者一味地维护自己的观点，反而会招致读者的反感，那可就本末倒置了。

►①提出观点

在用英语进行对话时，最重要的不是"英语水平的高低"，而是"是否言之有物"。

►②理由

无论你英语说得有多么流利，掌握的词汇量有多么丰富，如果言之无物，就不可能与他人进行沟通交流。

反之，即便英语水平很低的人，只要能言之有物，即使交流的过程不顺畅，也能够向他人表达自己的想法。

▶③具体案例

在某次国际交流大会上，当讨论的话题说到了"日本漫画"时，一位此前一直保持沉默的日本高中女生，就像打开了话匣子一样，开始用流利的英语发言。因为那个女生是个不折不扣的漫画粉丝。这件事情恰恰证明了"言之有物"的重要性。

▶④应对可预想的反驳情形

当然，我也并不是说"从此就没必要再认真学习英语"。为了不让对方就我们所表达的意思产生误解，还是有必要继续努力提升自己的英语水平。不管怎样，都要坚持打磨这项技能。

▶⑤再次提出观点

"言之有物"才是决定沟通交流是否成立的关键因素。

说到底，语言不过是一种交流的工具。那些一心痴迷于报名上英语会话班的人，最好都能意识到这一点。

在写第④点的时候，除了"当然"以外，还可以使用"的确"一词来起头。

此外，在介绍先给出结论"套路"时我也说过，②的"理由"可以使用"究其原因"的方式起头。

最后，在撰写第⑤点时，还可以使用一些逻辑逆接词，如"话虽如此""但是""然而"等。

要点

不善写文章的人，还有逻辑思维不强的人，可以将这些逻辑连接词（请参考第225页的内容）当作写作路上的"路标"。

42　在SNS上推荐、宣传类文案的"套路"

必须要加上写作者自身的经历

当你想在SNS上推荐或宣传某个产品、服务、店铺或人物时，最好使用这一"套路"。

很多人在撰写此类文章时，容易将其写成说明文。

但是，SNS上的文章，与产品宣传彩页或传单可是不一样的。重要的不是"说明"，而是写作者自身的经历。

①经历（曾经负面的体验）
②之后遇到了推荐、宣传的对象（化解负面的体验）
③对其进行具体说明
④总结

▶①经历（曾经负面的体验）

我20岁以前，从未有过眼干涩的症状。即使连续20个小时操作电脑，眼睛也不会有任何的不适感。

但是，最近却遇到了眼睛干涩的问题。连续看2个小时屏幕，眼睛就开始眨巴，看东西模糊，干涩疼痛。由于不能集中精力，工作效率一落千丈，业绩自然也没有起色。

▶②之后遇到了推荐、宣传的对象（化解负面的体验）

在我为此感到无比烦恼的时候，有一天，同事给我推荐了一款眼药水。

虽然刚开始也是抱着试试看的心态，但药效却出乎我的意料！眼睛重回湿润的状态，而且这种状态能保持3个小时以上。多亏了它，我的工作业绩获得了快速提升。

▶③对其进行具体说明

据说，这款眼药水不仅可以维持眼球表面湿润，同时还会向泪液中加入维持其稳定性所必需的"黏液"。所以，能有效改善眼干涩的症状（虽然还是弄不明白具体的原理，但确实是超出我预想的眼药水）（笑）。

▶④总结

如果，你也跟我一样正在为眼干涩症状而苦恼，那么请务必试一试这款眼药水，亲身体会其带来的"湿润"感觉。

这一"套路"的关键，就在于"①经历（曾经负面的体验）→②之后遇到了推荐、宣传的对象（化解负面的体验）"这两点。如果这里的表述不通顺，就会让读者感觉很别扭（如果让人产生强行推销的感觉，就是失败的。真正的推销行为，应该留到③以后）。

顺便说一下，"负面的体验"可以包括以下内容：

不安、不满、不快、不便、缺陷、不平、不自由、不足、不良、不振、不信任、不公平、不明晰、不健康、不全、不受欢迎、无能、无利益、不可解、不及格、不稳定、不适合、不幸……

在刚才的例文中，笔者强调了自己"眼睛眨巴，看东西模糊，干涩疼痛"等一系列的"不健康"与"不良"，还有"不能集中精力，导致工作效率一落千丈，业绩自然也没有起色"等"不满"和"不快"。

这个人被如此多负面情绪包围，因为遇到了一款神奇的眼药水，而化解了所有这些负面的体验——只有这种真实的经历，才能够打动读者的情感。

我在这里还是要再一次强调，对于SNS上的文章来说，重要的不是"说明"，而是写作者自身的经历。

而③的"对其进行具体说明"应该写在亲身的经历的体会、体验之后。由于前面所描述的经历，会让读者感受到你的个人魅力，这之后就算是纯粹的说明文，其也会继续耐心读下去。

下面则是不同的推荐、宣传对象的示例。

①因过敏性皮炎而苦恼（不快、不安）；

②使用××药膏治好了皮炎（化解负面的体验）；

③对该药膏进行介绍说明。

①因啤酒肚而苦恼（不快、不安、不满、不便）；

②通过××药物消除了啤酒肚（化解负面的体验）；

③对该药物进行介绍说明。

①不清楚西班牙海鲜饭的做法（不便）；

②参考××料理网站的内容，做出了西班牙海鲜饭（化解负面的体验）；

③对该网站进行介绍说明。

①农药、化肥对健康的危害令人害怕（不安、不满、不健康）；

②通过不施加农药和化肥的"有机蔬菜配送服务"，消除对饮食的不安；

③对该服务进行介绍说明。

①创建了自己的网络主页，但是点击量却一直很少（不足、无利益、不满）；

②阅读了《主页增加点击量的方法》一书后，成功应用于实践，增加了点击量；

③对该书进行介绍说明。

SNS本来就不是推销产品或服务的地方，而是让我们进行交流和共享信息的平台。

在这里，即便你出于好心撰写推荐产品的文章，也可能不会收获阅读者的反应。因为，你可能发错了"地方"。

让口碑自然形成

在我们描述了自己的经历——"用过以后确实感觉便利了""去了以后确实玩得很开心""吃了以后确实感觉很美味"，结果让相应的产品或服务大卖或者推荐的信息被扩散出去，口碑就很自然地形成了。

这也是我们所追求的最理想状态。

在"①经历（曾经负面的体验）→②之后遇到了推荐、宣传的对象（化解负面的体验）"这个环节，内容上要让人看了感到吃惊或喜悦。这样文章的内容才更容易得到传播与扩散。

同样，在撰写自身经历的时候，内容一定不要太过严肃。在"偏娱乐"的SNS上，你的文笔最好也要偏"明快"一些。

要点

在SNS平台写文章时，一定要避免出现"希望大家都来买""想就（产品或服务）进行说明"这样的字眼。还是应该老老实实地描述自己的经历。偏说明性质的文字并不适合发表在SNS上。

43 敢于打破"套路"

不要太过依赖"套路"

在本章的最后想告诉大家的是，如何运用这些写文章的"套路"。虽说这些内容可以直接拿来套用，但是，如果你觉得这样就能轻松写出"好文章"，答案却是"不行"。

▶灵活运用"套路"，也需要对其做出变化

在撰写文章的过程中，当你想要打破原有的"套路"时，就去勇敢地打破吧。因为，"打破套路=对其做出变化"。

这绝不是一件坏事，不仅如此，根据具体状况改变相应的"套路"，并将其与其他的"套路"组合使用，也是撰写文章所必备的能力。

下面，就是改变"套路"的示例。

①对讲故事"套路"做出的变化

→"转机"之后没有马上进入"变化"环节，而是描述又一次的

"挫折"。

②对结论先行的"套路"做出的变化

→在"具体案例"的步骤也综合运用了列举内容的"套路"。

击打棒球或者踢足球，都有其基本的"套路"。但是，"基本"并不意味着就是"全部"。

即便同为明星球员的中田翔和山田哲人，他们的击球姿势也是各不相同的。也就是说，在掌握"基本套路"的前提下，还要结合自身的实际情况加以运用，这才是关键所在。

在撰写文章时，也是一样的道理。不能仅仅依赖"套路"，还要能随机应变，对其做出变化。

③边写边出现"思想上的变化"

在第一章中我就说过，人类的思想很多时候是通过写作来加以总结的。

写作的过程中，可能突然就有了新的发现、产生了新的创意、思想也有了新的变化……这么说吧，写作者逐渐形成了自己当初完全反对的意见或观点，这一点也不罕见。从活跃思想这一点来看，"写文章"和"做笔记"是没有差别的。

例如，你刚开始想写一篇"称赞日本人长寿"的文章，但是写作途中却注意到"日本人去药店或医院的次数也很高"这件事，最后得出的结论是"身体不健康的长寿，是毫无意义的"。

不用说，我们在写作初期就能固化自己的思路（所有要写的内容），是最理想的。但是，人类在进行输出时，其本质上是带有"流动性"的。也就是说，写着写着"头脑里所想的东西"就变了。

因此，如果边写边出现了"思想上的变化"，也不要觉得可怕，这是一种"理所当然"的变化。以此为前提撰写文章，你可以慢慢掌握更加精湛的写作技能。

最后，"不怕思想上的变化"并不等于"可以写前后不一致的文章"。重要的是，我们要从"思想变化"这件事中，推导出属于自己的那个"答案"（信息）。

要点

有时，我们也需要借助大脑输出的这种"流动性"写出"好文章"。对于"破坏套路"和"思想上的变化"都无须感到害怕。

44　写长篇幅文章时要做好目录

目录就相当于"说明书"

在写作长篇幅文章时，除了可以运用"套路"外，最好在写作之前先做好目录。所谓"目录"，就是依先后顺序写下这篇文章内容（项目）。

如果不先做好目录，就开始撰写长文，像是没带地图的一次旅行，很有可能途中"遇难身亡"。

假设你打算以"为何大部分的企业经营者都喜欢长跑？"为题写一篇长文，可以先做出像下面这样的目录：

①越来越多经营者喜欢长跑的原因；

②通过长跑能学到的商务能力；

③长跑与"大脑"的紧密联系；

④长跑能有效预防慢性病；

⑤经营者在做长跑这项运动时的目标……

①—⑤就可作为我们撰写文章时的"路标"。有了目录以后，文章马上就变得很容易写了。因为你已经拿到了"地图"。

写长篇的博客文章（3000字左右的篇幅），可以像上面这样，事先列出5个要点就可以了。

超过1万字的文章，仅有5个要点还不够，需要做出更加细分的目录。

①越来越多经营者喜欢长跑的原因：

·商业杂志组织过一期"长跑专刊"；

·可以随时随地轻松去做的一项运动。

②通过长跑能学到的商务能力：

·强化自己的管理能力；

·强化达成目标的能力；

·强化自主性和耐力。

③长跑与"大脑"的紧密联系：

·跑步可以使大脑的前额叶变得活跃；

·锻炼记忆力与想象力。

④长跑能有效预防慢性病：

·有减肥的效果、摆脱啤酒肚；

·促进血液循环、提升心肺功能；

·改变饮食习惯。

⑤**经营者在做长跑这项运动时的目标：**

·拥有"感恩的心态"才是对经营企业的最好礼物……

有了一个如此详细的目录，你还会烦恼"不知道该写什么"吗？你还会写着写着，突然迷茫于"我想写什么来着"吗？

目录，不仅是我们写作文章过程中的"路标"，其本身也可以说是文章的"孵化器"。事实上，只要将目录中的每一个项目都展开来写，就能成为一篇条理清晰、自成体系的文章。

反过来说，如果目录做得很糟糕，文章的内容肯定也好不到哪里去。所以，千万别小看了"目录"哦。

第 **6** 章

<番外篇>
SNS的写作技巧

45 "有所贡献的文章"才能获得青睐

满足读者的好奇心

要想让读者产生"还想看这个人写的文章"的念头，就要像第一章中所说的那样，必须让你的文章"对阅读者有所贡献"才行。

但我们也不必把"做贡献"这件事想得那么难。实际上，它包括了很多种情况：

（贡献的类型）满足读者求知的好奇心，让读者获得享受／获得快乐／被治愈，使读者放松／恢复元气（勇气），读者被感动／感到惊喜，替读者发声，满足读者的××欲求……

"每次看这个人写的文章，都能学到东西""他写的内容总是很有意思（有趣）""一直被其感动""一直能与其产生共鸣""他的观点总是很尖锐（深刻）""内容好有爱啊""喜欢这个作者的人品（思维方式）"——读者产生的这些反应，就是我们真正写出"有所贡献的文章"的证据。

虽然"贡献"的类型有许多种，但我还是希望大家能重视"满足求知的好奇心"这一点，即要在你的文章中加入"读者尚不知道的信息"。

"关于××的最新信息""使用××的方法""鲜为人知的秘闻"等，这些都可以。当读者的好奇心得到满足后，就会认为"这个人的文章有价值"。也就是说，他们产生了"还想看"的念头。

为了能继续写出"有所贡献的文章"，我们必须了解人类所具有的各种"欲求"。

（人类欲求的种类）想得到 / 不想失去，想化解内心的不满、不安、压力，想更加便利，想要心情愉悦，不想花时间（避免无用功）/ 不想付出努力（好逸恶劳），想从痛苦和烦恼中解脱出来 / 想沉浸在优越感中，想获得成长 / 想交到朋友 / 想笑，想要享受，想获得勇气（元气），想要刺激，想返老还童 / 想变美丽……

准确抓住目标读者的欲求，就更容易写出"有所贡献的文章"。

读者的欲求：想让工作变得更清闲
→有所贡献的文章：介绍提升工作效率的时间管理方法。

读者的欲求：想吃美味的甜品
→有所贡献的文章：介绍便利店新推出的甜品信息。

"①把握读者的欲求→②撰写能满足其欲求的内容"，这就是"有所贡献的文章"备受人青睐的秘诀。

要点

在SNS上发表令读者"还想再看"的内容，就能一点点地赢得读者的信赖哦。

46 用自己的语言来写

结合自身经历，诞生"自己的语言"

这个世界上充斥着各种"引述的话语"。

很多内容总让人感觉在哪里听到过，或者是听谁讲过，包括表述、想法、主张等，这肯定无法打动读者的内心。

好好回忆一下，我们的内心之所以能被打动，肯定是读到了写作者发自肺腑用"自己的语言"所写成的文章。

原文
能和佐藤先生说上话，真是感到无比荣幸。

修改后
能和一直敬仰的佐藤先生交流，我的心中瞬间涌起了干劲。

修改后更能够表达出写作者内心的喜悦之情。"一直敬仰""瞬间涌起了干劲"这样质朴的表达方式，能够直接打动读者的心。

原文

怀着紧张的心情开始了拍摄。

修改后

真是一次令人紧张的拍摄经历啊，<u>由于当时一直咬着自己的后槽牙，直到上映时下巴的肌肉都还在疼（笑）</u>。

像原文这样的表述很难打动读者的情感，属于"平淡无奇的语言"。

而修改后的文字加入了自身的经历，可以让读者进入文章的世界中。因为，我们在书写自己的切身体验时，所有的内容都带有自我特色，是任何人都模仿不了的。

所以，写作者结合自身的经历，自然就能诞生出"自己的语言"。

原文

金子美玲的诗作《我和小鸟和铃铛》中，有这样一句"我们不一样，我们都很棒"令我深受感动。

修改后

<u>从小，我就一直被母亲说"你是个学习不好的孩子"</u>。是金子美玲的诗作《我和小鸟和铃铛》中的一句"我们不一样，我们都很棒"拯救了我的人生。

<u>在读这首诗的时候，我才第一次感觉"自己活着真好"</u>。意识到

这一点后，我竟泪如雨下。

原文仅仅是表达了自己"深受感动"，并没有再提及更多的具体信息，所以不能算是用"自己的语言"写成的文章。

为了加入"自己的语言"，我们需要反问自己"受到了什么样的感动？""为何会感动？"并且找到深埋在内心中的答案。

在修改后的文字中，就回答了这些问题，并且将"感动"的本质也解释清楚了。虽然修改后没有再出现"深受感动"这样的字眼，但所描述的却正是这样一种情感。读者看完后的印象与原文是完全不同的。

把"详细的体验"写出来

原文

参加了一场20公里的慢走大赛，与儿子一起完成了整个赛程，感到特别开心。

修改后

前些日子，我参加了一场20公里的慢走大赛。那可不仅仅是一场比赛。因为我还带着刚刚康复出院的儿子一起参赛。考虑到儿子的健康状况，能走完5公里就不易了。可是，他却并没有止步，也没叫喊过一句累，就那样一直走着。时不时还拍我的肩膀，给我打气："爸爸，加油！"虽然我们是所有参赛者中最后一个抵达终点的，但那一瞬间我却给了儿子一个大大的拥抱。

修改后，读者能充分体会到写作者内心的喜悦之情。如果不将这种"详细的体验"写出来，在我看来真的是一种遗憾。

原文
今天的东京，迎来了这个夏天最热的一天。

修改后1
今天的东京，迎来了这个夏天最热的一天。只是往来便利店的10分钟路程，就让我的汗湿透了身上的T恤。

修改后2
今天的东京，迎来了这个夏天最热的一天。连在街头散步的幼犬，也好像忍受不了高温的沥青路面似的，发出哭泣般的叫声，跳到了路边的长椅上。

修改后3
今天的东京，迎来了这个夏天最热的一天。刚拿到手的冰激凌，很快就融化了，奶油都滴落到了地面上。

在加入了"详细的体验"之后，读者看完宛如置身其中一样，体会到了"异常的酷暑"。

而仅仅说明状况的原文，就无法带来这样的效果。

在SNS上撰写文章时，也一样要注重融入"自己的语言"。毕竟，这是一种"自媒体"嘛。

请大家一定要牢记"纯说明性质的文字是不够的，必须要加入详细的体验"。

要点

和搜集信息的"天线"一样，每天我们都要打开搜集体验的"天线"。这样一来，日常生活中的点点滴滴，都能成为我们撰写文章时的宝贵素材。

47　不要总想着写"正确的内容"

抛弃自己内心的偏见

很多人在写文章时，会被自己的观念所束缚。这些人通常会有以下两个共通点：

①一定要写正确的内容；
②不能写自己的主观感想和意见。

这都是非常严重的偏见，或者叫作"刻板印象"。

他们之所以会被这样的观念支配，就是受到了一味强调集体主义的日本学校教育，以及认为"克制自己的情绪是一种美德"的日本文化心理的影响。

不管你是被哪一种观念所支配的人，当你已经意识到存在这种情况时，就应当立即摆脱其对自己的束缚。否则，今后你将只能像下面这样来写文章了。

▶看了电影《星球大战》→觉得没意思→但是，这部电影在全球的人气都很高，所以只好写"感觉还不错"。

对某部电影的观后感，总认为"会有一个正确答案"，抑或害怕引起不必要的反驳，所以才会故意伪装自己的想法。

最可怕的是，有的读者在看文章时，认为"这就是写作者真实的意见或感想"。

我们不应该把精力用在撰写这样的文章上，因为其毫无做贡献的精神。读者也迟早会看透你的不诚实。那样一来，作为写作者的信用就会毁于一旦。

你的感想会如何影响读者

毫无疑问，对读者有所贡献的文章肯定不会一味地迎合大众。

我们在撰写文章时，要思考自己的感想或意见将会如何影响读者，这才是"有所贡献"的真正价值所在。

▶看到了关于"日本某中学教师做出不雅行径"的新闻→以"身为崇高职业的人，却做出如此卑劣之事"为主题撰写文章。

受到①或②思想支配的人，通常会选择像上面的举例这样来写文章。因为这样的"观点"不会遭到任何人的反对，属于"绝对正确"的内容。借助该新闻的热度对加害者进行批判，至少不会让自己偏离（自认为）"绝对正确"的路线，所以这样的文章会相对比较好写。

　　我也不是说，就一定不能以这样的主题来撰写文章，只是想让大家注意到，文章背后所隐藏着的"动机"是有问题的。

48 别指望讨好所有的人

八面玲珑的文章会很无趣

我们延续上一节"不要总想着写正确的内容"的话题，来说说另一个需要注意的地方，那就是"别指望讨好所有的人"。

特别是在SNS上撰写个人化的文章时，一定要在头脑中有这样的意识。因为，如果要做到让所有人都喜欢，这篇文章的内容肯定会是很无趣的。

本书一直在反复强调"对读者有所贡献"的重要性。但是，"对读者有所贡献"并不意味着要"讨好所有的人"。

前者的"意识箭头"朝向的是"对方"，而后者则是朝向"自己"，这与"贡献"二字相距甚远。

不要害怕被批评

不管你撰写什么样的文章，在带有反感情绪或批判目的的人看来，一定能找出若干的问题。这也是没有办法的事情。有意思的是，喜欢你文章的人越来越多的同时，对其反感的人也会越来越多。

这种时候，我们千万不能只听那些"反感之人"所发表的意见。

应对①：一部分读者表示强烈的反感
→麻烦了，下次想写出让这些人不再反感的文章。

应对②：一部分读者表示强烈的反感
→但是，有更多人表示喜欢。好吧，下次就为这些喜欢我的人而写作。

我们应该选择的是第②种应对方式。

在娱乐圈中，越是高人气的明星，"黑粉"也会越多。

"光照很强的地方，阴影也就越黑。"这是世间的常态。如果要淡化"阴影"，那么"光照"的强度自然也就削弱了。这样的话，"阴影"（反对的人）虽然消失了，但"光照"（喜欢的人）也将会一同消失。

写文章也是一个道理。如果目标读者大多表示"喜欢"，那么我们就应该重视这一评价。

要点

出现了"黑粉"也是一件好事，这意味着对应的就有成倍的"粉丝"。我们应该看到"光亮"而不是"阴影"。

49 拿出勇气，果断地给出观点

果断的言论能打动对方的心

①本书就是要化解大家"不知道该写些什么"这样的烦恼，让所有人都成长为"写文章的达人"。

②撰写本书是想化解大家"不知道该写些什么"这样的烦恼，至于能否做到这一点暂且不论，如果能让所有人都成长为"写文章的达人"，那可就太好了。

如果①和②都是本书的宣传文案，请问哪个更能让你产生"想买这本书"的冲动？

恐怕大家都会倾向于选择语气果断的①吧？这种果断的表达方式，具有打动读者内心的力量。

相对地，②的语气就显得比较柔软。"想化解""能否做到这一点暂且不论""那可就太好了"这样的表达，听起来像是笔者为自己提前准备好了"退路"。

翻译过来就是"老实说，这本书对你是否有用……我也不太清楚。反正，就由读者自己负责吧！我对此可不承担任何的责任哟"。可以说，这就是将读者当成了"傻瓜"。

当然，这个世界上几乎不存在可以"100%断言"的事情。所以，在文章中乱用"确实""必然""绝对""肯定"这样的词语时，就会让人心生怀疑。

对于写文章来说，"直接表达"与"委婉表达"都是不可或缺的。

但是，写作者心中真正想要传递出来的信息——如想法、意见、提案、观点等——有时看似"不言自明的内容"，也应勇敢地明确写出来。

那种"让自己置身于安全地带的同时，又要将信息传递给读者"的想法，就显得有些太过理想化了。

从这一点来说，"拿出勇气，果断给出观点"所带来的效果是最好的。

不仅能获得更多读者的反应（主要是积极的），也能让写作者更自信，从此不会再顾虑或害怕这样的表达方式，从而让"写文章"这件事变得更轻松。

虽然偶尔会招致反感，但也只是属于这种表达方式所带来的副作用而已。

最应该害怕的是撰写"语气柔软"的文章，导致读者"漠不关心"的反应。所谓"漠不关心"也就是读者的情感没有被打动，这就是一篇"失败的文章"的标志。

要点

"拿出勇气，果断给出观点"与"傲慢的表达方式"完全是两回事。在强调自己观点的同时，也不要忘了继续抱有"对读者有所贡献"的意识。

50　写下"五感"的内容

真实地描述当时的情景与自身的感受

在描写"自身的经历"和"身边发生的事情"时，多写一写"五感"的内容，也是一个不错的小技巧。因为，我们可以真实地描述当时的情景与自身的感受。

"五感"指的是人类所具备的五种感觉：视觉、听觉、嗅觉、味觉、触觉。

▶视觉

"五感"中最容易写的就是视觉。与一个简单的词"萝卜"相比，写成"令人联想到夕阳的橙红色的胡萝卜"，会更容易表现出"画面感"。

一直在身上穿着的那件毛衣，已经起球了，整个都走形了。
钱包被撑得鼓鼓囊囊，像马上就要裂开似的。
那座赤褐色的岩石山峰，看起来就像是被一把锋利的尖刀削尖了似的。即便是职业的攀岩者，也对其无计可施。

▶听觉

在描写听觉的内容时，可以结合使用一些"拟声拟态词"（请参考第197页的内容）来突出临场感。比起"肚子饿了"这句话，用"肚子饿得咕咕叫了三秒钟"会更显真实。广义上，对话的内容也属于对听觉的一种描写。

距离太阳升起还有五分钟。就像大家都商量好了一样，小鸟们开始"啾啾啾"欢快地鸣叫起来。自然界的节拍真是伟大啊。

当他弹响手中的吉他时，尖锐的弦声交织着琴身丰富的共鸣声，让整个现场的气氛都为之一变。

"喂，快住手！"听到丈夫突然冒出这么一句梦话，我情不自禁地笑出了声来。

▶嗅觉

"五感"中与"记忆""情感"直接关联的就是嗅觉了。"对味道的描写→回忆""对味道的描写→心情"，按这样的顺序写作，可以使效果倍增，更容易引起读者的共鸣。

回到了阔别两年的老家，在烧熏肉的香味中睁开了双眼。

擦肩而过的一瞬间，被她身上的香味吸引了，是那种宛如椰子一样的香甜气味。我很想去跟那个女孩打招呼。

从窗户的间隙中悄悄飘进了丹桂的香味。看来，这个周末就该换季了吧……

▶味觉

对味觉的描写，主要是在"甜、辣、酸、苦、涩、咸"的基础上，再融入一些对触感的描写（如有弹性、融化、松脆等）以及对温度的描写（如热乎乎、冷冰冰、温热等），以强调其真实性。

柠檬的酸味与芝士的甜味，在口中同时扩散开来。

又脆又硬的口感，加上被芳香包裹着的苦味，这才配称为"真正的杏仁"。

在吃那口小笼包的瞬间，浓郁的汤汁"刷"地一下子流了出来。

▶触觉

除了皮肤的感觉以外，像手腕、双脚、腰部、腹部、头部等整个身体——或者说身体的一部分所感知到的内容，都可以被描述出来。

这件连衣裙的料子如丝般顺滑。

握紧的手掌已经烫得超出了正常的温度，这让我不禁大吃一惊。

从30公里开始，感觉双腿就像灌了铅一样沉。最后，整个变成了宛如步行般的速度。

假设，你去了一处知名的温泉，如何运用"五感"来描述这件事呢？

视觉：温泉水的颜色（乳白色）、混有细小的水花（白色）、岩石打造的露天浴场，还可以看到绝美的风景（整个山被枫叶染红）；

听觉：泉水流淌的声音、小鸟的鸣叫声、踩在树叶上的声音；

嗅觉：宛如臭鸡蛋般的硫黄味；

味觉：稍带苦涩的铁矿石味；

触觉：肌肤温润，伤口或炎症部位感到舒适，温泉的热气湿润。

①身体泡在乳白色、怡人的温泉中，宛如臭鸡蛋般的硫黄味，顺着鼻子飘到了大脑。热爱泡温泉的我，一下子就被这强烈的对比所吸引，对其产生了兴趣。（决定了！就去这里！）

②脖子上患有皮炎的部位感受到了一种刺痛感，令我不禁"哦哦"地喊出声来。知名温泉给我的"见面礼"，还真是粗暴呢。

①主要描述了视觉（温泉水的颜色）和嗅觉（硫黄的味道），而②则描述了触觉（皮肤的刺痛）。比起简单地写一句"温泉的水质属于酸性硫黄泉"，这样的描述更能引起读者的兴趣。

要点

常言道"上帝存在于细节之中"。对"五感"的描述，实际上就是一种细节描写。当你熟练掌握了以后，就能使文章的真实性大增，并且更容易引起读者的兴趣。

51 多进行类比

类比的关键在于"寻找共通之处"

擅长运用类比手法的人，自然也擅长写文章。因为类比就是源于"贡献的意识"，是为了让读者更加容易理解文章想表达的内容。

当你在内容的表达方式上遇到困难时，或者当你预感读者可能会对内容产生误解时，不妨想一想"能否做适当的类比"。

无论你的击球动作多么潇洒，只要握杆的方法出了问题，高尔夫球就不可能直直地飞出去。对于企业的经营管理来说，也是同样的道理——"经营的方针"就相当于"握杆的方法"。如果这一部分出了问题，那么，整个企业的经营过程都不会一帆风顺。

原本内容稍显晦涩难懂的经营理论，在用"高尔夫球"进行对比之后，就一下子变得通俗易懂了。

对她来说，语言就是一把匕首。有时，面对纷繁错乱的社会，她便会拔出这把匕首，尖锐地刺入其中。

将"语言"类比成"匕首"，形象地表现出了"她"针砭时弊的态度。

只通过学习成绩来评价一个孩子，就好比只通过油耗水平来评价一款车。

看完上面这句话，真是会让人恍然大悟："确实是这样！"

两位部长的谈判风格可谓是天壤之别。佐藤部长比较擅长大力掷球，最终通过快速的直球，将对方直接"三振出局"；而山田部长则不拼球速，而是通过精准的控球技巧，让对方在"击打到球"之后仍被接杀出局。

将两人风格迥异的谈判技巧，类比为棒球上的投球技巧，这种写法增添了文章内容的可读性。

做类比的关键在于"寻找共通之处"。如果你想写的主题是"恋爱"，首先应该自问"'恋爱'这件事的特点是什么？"，可以得出答案"缺少冷静的判断"。

然后，基于这个答案再去寻找有共通之处的类比对象。继续自问："除了'恋爱'之外，还有什么事情会让人'缺少冷静的判断'呢？"

尽可能从中筛选出令人通俗易懂的答案。否则，就有可能做了类比，反而令读者更加不明白你想说什么。

表6-1 进行类比的方法（寻找共通之处）

主题	共通之处	类比的对象
人体的节律	像四季变化一样，有周期	季节
大考前的备考学习	重视战术与战略	足球
公开发言	重视正题之前的引子	表演落语
生命	有限	蜡烛的火焰
安慰	对症疗法	药物
强烈的责任感	爆胎的风险极大	超载的卡车
商业上的新项目	起飞前需要强大的推进力	飞机
恋爱	缺少冷静的判断	赌博

"恋爱"跟"赌博"有相似的地方。大部分时候，人们都缺少冷静的判断，最后令自己痛苦不堪。

当然，类比的对象除了"赌博"以外，还有很多其他的答案（例如，举办婚宴的花费、性质恶劣的恶作剧）。

同样地，共通之处除了"缺少冷静的判断"以外，还可以有很多其他的答案（例如，磨炼自我、自己与自己的碰撞）。

请务必参考表6-1的内容，在"类比"这件事上多下功夫。

通俗易懂的类比能提升读者的理解程度

对于一些模糊的表述或数字等内容，也可以采用类比的方式。这种情况下，无须再"寻找共通之处"，可以通过"文字替换"的方式进行类比。

①拥有广阔面积的牧场。

②占地约50公顷的牧场。

③面积相当于10个东京巨蛋体育馆的牧场。

因为①中的"广阔"一词比较难理解，所以改成了②这样的"约50公顷"。但是，具体的数字依然令人难想象。

所以，可以像③这样，替换成"相当于10个东京巨蛋体育馆"的表述。与①和②相比，③更容易令人产生联想。

①仅靠一辆自行车骑行了550公里。

②仅靠一辆自行车骑行了相当于东京到大阪的距离。

①吃起来感觉超辣，辣到整个身体都发热。

②吃起来感觉超辣，辣到整个身体都汗如雨下。

①虽然平时很温和，但工作时就会变得很严厉。

②平时像"弥勒佛"，工作时却变成了"妖怪"。

①被降职的压力，令人难以承受。

②被降职的压力，让我一下子多了100根白头发。

是不是②这样的表述更容易让人理解呢？所以，我们一定要在类比（内容替换）上多下功夫，让读者更容易理解文章的内容。

要点

　　下面所列出的都是一些可用的类比对象。当我们将目光投向周围时，能发现许许多多的类比对象。我们每天都要打开相应的"天线"，磨炼自己的类比技能。

　　所有的体育运动（慢跑、棒球、足球、网球、游泳、高尔夫等）/ 料理（食材、烹调方法、调味、摆盘等）/ 车辆（油门、刹车、行驶距离、速度等）/ 飞机（起飞、着陆等）/ 电车 / 大自然（天空、大海、海浪、四季、天灾等）/ 金钱 / 政治 / 疾病 / 身体部位 / 服装 / 电脑、智能手机 / 旅行 / 存款 / 投资 / 赌博 / 电影 / 音乐 / 小说 / 漫画 / 美术 / 建筑物 / 睡眠 / 学习 / 游戏 / 习惯 / 减肥瘦身 / 宠物、动物 / 彩票……

52　使用拟声拟态词

有效地使用拟声拟态词

拟声拟态词可以让阅读文章的人，一下子在头脑中浮现出对应的画面（场面）。你觉得这样的文章怎么样呢?

我们可以通过"文字"来营造"画面感"。学会了这种技巧后，同样能提升读者的理解度。

营造"画面感"的方法之一，就是使用拟声拟态词。

▶拟声词：**描述物体或动物所发出的声响的词汇**

例：咔嗒咔嗒、咔嚓、嗡嗡、哗啦哗啦、怦怦……

▶拟态词：**描述状态、心情、模样等的词汇**

例：坐立不安、心急火燎、提心吊胆、步履蹒跚、抽抽搭搭……

在下面的示例中，与①相比，②会更具"画面感"。

①皮肤很好

②冰肌玉骨

①很受感动

②内心涌上一股暖流

①宿醉后的头疼

②宿醉后头痛欲裂

①在结了冰的道路上滑倒

②在结了冰的道路上哧溜一下滑倒了

①双腿麻痹站不起来

②双腿感觉像过了电般难以站立

①吃面条

②吸溜吸溜地吃着面条

①敲键盘打字

②在键盘上咔嗒咔嗒地敲个不停

拟声拟态词是文章的"救世主"

"只要写成文字，就能将所有想表达的内容都传递给对方"——

如果有这种想法，那你可就大错特错了。因为这个世界上有很多人并不擅于理解文字的内容（文章），对于这些人来说，能营造"画面感"的拟声拟态词，就是宛如救世主般的存在了。

"心怦怦跳个不停""哆哆嗦嗦地颤抖"，像这样，有许许多多的拟声拟态词搭配。不过，真正考验人的，还是如何在这些词汇中做出适当的选择，让读者在阅读时产生真实的"画面感"。

例如，关于蝉鸣声，很多人会写"知了——知了——"，但描述蝉鸣声很嘈杂的状态，还可以写"吱——吱——""嘶——嘶——"等。

最理想的情况就是，写作者能凭着自己的感受使用适当的拟声拟态词，并且还能赢得读者的共鸣。

53 插入独白的内容

像写小说一样插入独白的内容

在文章中插入独白的内容，能表现更生动的描写。

与一般的文章相比，由于直接抒发了写作者的情感，所以更容易引起读者的共鸣和情感代入。

原文

站在镜子前，看着自己浮肿的脸庞，不禁长叹一口气。

修改后1

站在镜子前，看着自己浮肿的脸庞，不禁长叹一口气："哎呀——"

在加入了"哎呀——"这句内心独白之后，将写作者的失落感表现了出来。

修改后2

站在镜子前，看着自己浮肿的脸庞，不禁长叹一口气："哎呀——这脸不成了面包超人了吗？"

这里又加入一句独白"这脸不成了面包超人了吗？"，幽默地将"浮肿的脸庞"类比成卡通人物"面包超人"，可以更鲜明地表现出写作者的性格。

原文

我看到"及格"两个字的瞬间，便高举双手振臂一挥。

修改后

我看到"及格"两个字的瞬间，便高举双手振臂一挥："太好了——梦想实现了！"

原文

难以相信女朋友对我说了"好"，我捏了捏自己的脸颊。

修改后

难以相信女朋友对我说了"好"，我捏了捏自己的脸颊"啊？这是真的吗？"

修改后，文字中所透出的"临场感"都要更加强烈。

很多人认为没有从口中实际说出的话语，就不能用双引号写出来——实际上，这种规则并不存在。

双引号的优势就是能将内心的所思所想（包括真心话）都表达出来，特别适合用于在SNS上撰写个人日志或随笔。

要点

需要注意的是，双引号中的独白内容可以适当地有一些夸张的成分。如果你写得过分认真或谦逊，反而很难发挥独白内容的效果。

54 插入对话的内容

仿佛在眼前表演话剧般的"临场感"

为了引起读者的兴趣，我们还可以在文章中插入多人进行对话的内容。

除了能体现登场人物的性格和情感外，由于人们很容易想象出会话的场景，所以更能提升读者的理解度。

原文

与打算今天就把家庭作业做完的健太形成鲜明对比的，是早早就放弃了的满夫。

修改后

"好吧，今天我就把家庭作业做完！"听到健太这一表态，满夫满脸惊讶地说："真的吗？我可是早就放弃了。"

修改后加入了对话的内容，让人感觉就像在看一出话剧。健太与满夫两人各自的性格特点与思维方式都一览无余。

原文

今年已70岁的老母亲，将车子换成了电动车。我想帮她申请"枫叶标志贴①"，但母亲却不愿意被人当作老年人对待，以非常强硬的态度拒绝了。

修改后

"听好了！听好了！我已经把车子换成电动车了。"说话的是我今年已70岁高龄的老母亲。

"恭喜啊，我去帮您申请'枫叶标志贴'吧。"我刚一提出这个建议，母亲便拒绝了我："你是已经把我当成老年人了吗？"

修改后加入的对话内容，将母亲年轻的心态和旺盛的好奇心都更好地表现了出来。

有时候，将实际所说的每句话都写出来，反而会让文章变得难懂。

假设，当听到儿子的建议后，母亲的实际回答是"就没有那个必要了吧"。但是，如果将这句话老老实实地照搬到文章里，就无法准确表现母亲当时的心情。

因为，"就没有那个必要了吧"这句话会让人感觉母亲是在和儿子开玩笑。

---

① 译者注：在日本，用来标识老年驾驶者的一种标志。

修改后，使用的是"你是已经把我当成老年人了吗？"。这样的表述更能准确地表现母亲的心情，以及略显强势和幽默的性格特点。

为了突出"对话"的本质，我们有时也需要对客观事实做出一些改编。要牢记"为了文章的内容，可以适当添油加醋"。

要点

当然，"描写对话"也不是万能的。如果毫无目的地滥用，就会给人以"廉价"的印象，破坏整个文章的叙事节奏。所以，一定要结合实际情况来使用。

55 靠"情绪×逻辑"打动读者的心

"情绪"与"逻辑"二者缺一不可

在SNS上发表个人文章时，还要注意对"情绪"和"逻辑"的运用。

这里，先以政治家的演讲来举例。

政治家A平淡却富有逻辑性的讲话

知识丰富且逻辑通顺，却很难调动其听众的情感。

就像机器人在说话似的，没有人情味。

政治家B富有热情的讲话

富有激情，向听众传达着自己的理想。

但是，很遗憾，缺少说服力。

由于没有事实依据和逻辑性，听起来就像是在"画大饼"。

B相对于A，欠缺的是"逻辑"；A相对于B，则欠缺的是"情绪"。

通过上述对比所获得的教训，就是"情绪"与"逻辑"二者缺一不可。不仅要打动听众的心，还要能让演讲的内容深刻地留在听众的脑子里。

写出感染力与说服力兼备的文章

这一教训同样可以运用到写文章的过程中。

例如，你打算在博客上写一篇名为《常把"谢谢"挂在嘴边的人更幸福！》的文章。

原文1

在经过一番尝试以后，我终于学会了每天都说100次以上的"谢谢"。

我发现内心的烦恼和不安都消失了，开始萌生一种幸福的感觉。

"谢谢"的力量真是了不起！

看完你心里肯定会想："听起来真是了不起啊！"

但是，应该很少有人会觉得"好吧，我也要试着说'谢谢'"。因为整个描述中缺少逻辑性，让人本能地产生怀疑。

原文2

最新的脑科学研究成果显示，人们说出口的话语会影响其自身大脑中的"伏隔核"部位。

而且，大脑并不会对"人称"或"主语"产生认知。

也就是说，自己对他人说"谢谢"与从他人口中听到"谢谢"二字，都会得到相同的效果。

由于给出了科学依据，读者能接受我们的观点。但是，也同样是因为过分注重逻辑性，导致整篇文章缺少了激情。

原文1、2合并后

最新的脑科学研究成果显示，人们说出口的话语会影响其自身大脑中的"伏隔核"部位。

而且，大脑并不会对"人称"或"主语"产生认知。

也就是说，自己对他人说"谢谢"与从他人口中听到"谢谢"二字，都会得到相同的效果。

在经过一番尝试以后，我终于学会了每天都说100次以上的"谢谢"。

我发现内心的烦恼和不安都消失了。开始萌生一种幸福的感觉。

"谢谢"的力量真是了不起！

将"原文1"（情绪）与"原文2"（逻辑）相组合，就有了一篇感染力与说服力兼备的文章。

这样的文章才更容易让读者看完后产生"好吧，我也要试着说'谢谢'"的念头。

要点

　　"情绪"与"逻辑"就像一对双胞胎兄弟，在SNS上撰写个人文章时，一定要做到二者兼备。而在撰写描述重要事情的文章时，则要相对控制好表达的"情绪"。

56 通过自问自答来写文章

依次梳理写作的主题与内容

"不知道该写什么"的人中，大多都缺少自问自答的意识。

所谓"自问自答"就是指"自己提出问题，然后自己给出答案"。

撰写文章实际上也是"自己提出问题，然后自己给出答案"的过程。

我现在所写的这篇文章，也是经过自问自答写成的。

下面，就是我在头脑中进行的"自问自答"。

· 自问：除了本书前面所介绍的内容以外，还有什么原因导致人们"不知道该写什么"？

· 自答：缺少"自问自答"的意识应该也是原因之一。

· 自问："自问自答"是什么意思？

· 自答：所谓"自问自答"，正如字面意思那样，是指"自己提出问题，然后自己给出答案"。

·自问：道理是这样……那么，怎样将其与撰写文章联系起来呢？我还是不太清楚。
·自答：所有人在撰写文章的时候，都应该先反复在自己的头脑中进行自问自答。

·自问：就是这样吗？·
·自答：是的，下面我就会将"自己头脑中的问答对话"作为示例写出来。

那些认为自己在写文章时，从未进行过自问自答的人，实际上在意识到这一点的时候，就已经算是在头脑中进行自问自答了。
抑或，这就是他们"不知道该写什么"的真正原因。

我们应通过自问自答的方式，在头脑中依次梳理好写作的主题与内容。
只不过，在"自问"这一环节，我们需要意识到"是代替读者向自己提问"。
也就是说，要思考读者想要了解什么？读者所抱有的疑问是什么？读者的兴趣和关注的点在哪里？基于这些进行"自问"。
千万不能基于自己的喜好完成这一环节。切记"自问其实就是为读者代劳"。

如果你能够回答读者的提问（自问自答），自然能写出"好文章"。

给出准确的回答

假设你打算在博客上写一篇名为《距离东京站最近的全新综合商场开业了》的文章。那么，阅读这篇文章的人，都会想要了解哪些主要信息呢？

（读者想要了解的信息）何时开业？／具体的地址？／该设施的规模？／有哪些类型的商家会入驻？（电影院？餐饮店？商业街？娱乐设施？）

我们要先用这些问题来进行"自问"。也就是提出类似"开业日期是哪天？""有没有电影院？"这样的问题。

在完成"自问"后，紧接着就要进行"自答"。如果你自己能够给出准确的回答（通过文章的内容），也就意味着这将是一篇"对读者有所贡献的文章"。

假如读者在看完后认为"这篇文章完全没有什么用处"，原因可能会是以下几方面：

▶事先没有进行自问自答；

▶"自问"环节没有做到位（弄错了读者的需求）；

▶"自答"环节的答案不够准确。

要点

写文章，离不开与读者之间的沟通和交流。要将读者的需求放在心上，以此进行自问自答。

57 多多斟酌文章的标题

标题的影响力不可小觑

好不容易写好了一篇文章，如果标题起得不好，就很难让人有"想要阅读"的念头。在互联网上，由于用户可以很轻松地关闭页面，所以这一倾向表现得更加显著。

①发生在圣诞节的事情
②从"天堂"跌落到"地狱"的圣诞节遭遇

上面列出的是两篇博客文章的标题，你更想看哪一篇呢？恐怕大家都会选②吧？因为②让人看了很想知道到底发生了什么有趣的事情。

所以，即便是相同内容的文章，人们更愿意点开②阅读——而不是①——这就是标题产生的影响。

雇来的圣诞老人当场罢工？！

5岁女儿在平安夜所做的决定是什么呢？

名为"圣诞节"的牢狱

没有了"红鼻子"的圣诞老人

上面这几个标题，都非常吸引人吧？

在想标题的时候一定要多多斟酌，好调动起读者的情感。越能做到这一点，读者就越想要继续看下去。

哎！××真是了不起！

我就想了解××!

××好棒！"种草"了！

××好有意思！

××真实用！正好是我所需要的！

××是真的吗？

××是什么？何谓××？

看到类似上面标题的读者，如果对"！""？"产生了相应的反应，就说明我们的标题起得很成功。

适用于任何类型的文章

一个好的标题在任何类型的文章中都很重要，包括企划案、邮件标题、书、册子、宣传页、传单等。

①视频营销企划案

②实现签约率增长300%的15秒视频营销战略

③禁止泊车的温馨提示

④小心孩童会因此受伤！

相同内容的企划案，肯定②的标题要比①好；相同的温馨提示内容，肯定④的标题会让人想要继续读下去，要比③的效果好。

要点

博客文章的标题还需要注意一点——"便于搜索引擎的检索"。可以将一些高频的搜索关键词加到标题中，以此增加点击量。

58 注意搜索的关键词

在文章中有效地加入关键词内容

在网站或博客上发表文章时，如果你希望获得更高的点击量，那么除了"读者的需求"以外，还需要注意的一件事就是"搜索的关键词"。

利用搜索引擎进行信息检索的人，通常会在输入哪些关键词后，被引导至你所维护的页面呢？或者说，你希望用户在搜索栏中输入哪些关键词，能找到你所写的文章呢？

当然，文章中没有出现的词，肯定不可能被检索到。如果你希望被检索到，就应该在博客文章的标题、简介、正文等部分中加入这些关键词。

例如，牙科医生开设的博客，初衷是为了起到一个宣传的目的，让更多的患者前来接受诊断和治疗。这样的话，就可以事先预测一下在网上寻找牙科医院的人，都会在搜索栏中输入哪些关键词。

饭田桥　牙医　蛀牙治疗　无痛

上述只是一些示例。这位牙科医生如果比较擅长"种牙"，就可以有下面①所列的关键词；如果擅长"幼儿牙齿矫正"，就可以有下面②所列的关键词。

①饭田桥 牙医 种牙 费用
②饭田桥 牙医 幼儿牙齿矫正 费用

像"幼儿牙齿矫正"这样的专业性治疗，可能还会吸引外地的病人特意前来问诊。这种时候，可能就要把"饭田桥"替换成"东京"或"东京都 新宿区 饭田桥""东京都 新宿区 千代田区 饭田桥"等关键词。

牙科医生的博客也可能会涉及其他的一些关键词（如下所示）：

牙科 牙科医院 牙科诊所 蛀牙 蛀牙治疗 激光治疗 无痛 无痛感短期 治疗期 夜间诊疗 预约 牙龈炎 牙周炎 牙槽脓肿 假牙 名医人气洗牙 拔牙 牙齿矫正 种牙 口臭 咀嚼 颞关节炎 口腔炎症 无呼吸症候 打鼾 定期检查 优秀手术……

要点

要想提高博客或文章的点击量，就要在关键词上多下功夫。事先梳理好可能会被检索（或希望被检索）到的关键词。

第 **7** 章

STEP⑤——提升文章
完成度的"修改技巧"

59　热情地撰写，冷静地修改

冷静地从文章中剔除多余的内容

　　"热情地撰写，冷静地修改"，这是我一直提倡的写作方法。在最初撰写的时候要保持创作的热情，而写好以后则要回过头来冷静地进行检查。

　　连夜写了一封饱含爱意的情书，于是便自夸："我写了一封超棒的情书呀！"

　　然而，第二天一早冷静下来重新阅读时，整张脸都臊得滚烫，赶紧又动笔进行修改……

　　也许，你也有过类似的经历吧?

　　头天晚上：情绪激动地撰写文章；
　　翌日早晨：冷静地阅读后又开始修改。

　　撰写情书的过程，就是"热情地撰写，冷静地修改"的典型例子。

之所以会充满热情地写这封情书，充其量不过是"为对方所着迷"的心情所致。但是，任由这种情绪所控制，就容易在文章中加入太多"任性"的内容，而"冷静地修改"就是要从文章中剔除掉这些多余的东西。

可能有人会说："在一开始时，就冷静地撰写不好吗？"如果那样的话，我们就只会写出一封冷冰冰、毫无情感的情书了。而缺少了"热情"的情书，不可能引起对方的兴趣。

"热情地撰写"与"冷静地修改"二者缺一不可。

► "热情"所包含的要素：
热情、写作者的视角、主观、大胆、情感、情绪……

► "冷静"所包含的要素：
冷静、阅读者的视角、客观、细腻、逻辑、抑制……

在撰写阶段所追求的是"热情"，特别是要在文章中加入充沛的情感。写出的文章篇幅大概是预计篇幅的1.5倍左右，接下来只需进行"修改（和删除）"就好了。

对文章进行彻底的打磨

另外，写完文章后回过头来审读时，就应将头脑中的意识从"写作者"切换成"阅读者"。

"这里是什么意思？""那样说的依据是什么？""这句话是不是逻辑不通？"像这样，站在读者的立场对文章进行思考和打磨。

　　也许，有人会担心"冷静地修改会让文章失去个性"。但实际上，失去的并不是个性，而是"被误认为是个性的东西"。换句话说，被剔除的并非个性。

　　所以，请放心，只要是用"自己的语言"写出的文章，就不可能失去个性。不仅如此，经过"热情地撰写，冷静地修改"之后，反而会让写作者的个性更加突出。

要点

　　即便是专业的作家或创作者，也很少有人能一气呵成写出"好文章"（能达成目标的文章）。不要在一开始就追求所谓的"完美"，而是应该在写完以后，站在读者的立场对文章进行打磨。

60 冷静修改的要点①——给文章"瘦身"

对靠热情写出的文章进行删减

在进行"冷静修改"的时候，要谨记对文章进行"瘦身"。所谓"瘦身"，就是将文章中无用的部分删去。如果我们撰写的是"传递信息"的文章，就要将其中靠热情写出的内容删掉。

▶无用的部分1：与主题关联性不大的信息
▶无用的部分2：重复的信息

原文

由于产品的概念缺乏吸引人的魅力，于是便重新反思营销的方案。发现最初所提出的概念确实很弱。有句话叫"后悔药吃不得"，所以请再给我一些时间吧。

"发现最初所提出的概念确实很弱"，实际上与第一句"产品的概念缺乏吸引人的魅力"是一个意思，属于重复的信息。还有，"后悔药吃不得"这一句与本文主题的关联性也很小。

修改后

由于产品的概念缺乏吸引人的魅力，于是便重新反思营销的方案。所以，请再给我一些时间吧。

修改后的内容不再像原文那样冗长，而且也更加容易看懂了。

▶无用的部分3：表达啰唆

原文

所谓"搞笑艺人"这份职业，就是将"逗别人笑"这件事当作自己的工作。

修改后

搞笑艺人就是以"逗别人笑"为职业。

像"所谓""这件事"等略显啰唆的表达，应该统统删去。

此外，还有以下的一些表达啰唆的句子，我们在审读时要对其进行修改。

×做好准备的工作　　√做好准备

×我决定做这件事　　√我决定去做

×把……当作基准　　　　√以……为基准

×我想要对外宣布　　　　√我宣布

▶无用的部分4：删除后也不影响表达的逻辑连接词

原文1

他性子特别懒散。所以，做事情总没有常性。不过，每天早晨的散步倒是一天不落。

修改后

他性子特别懒散，做事情总没有常性。不过，每天早晨的散步倒是一天不落。

删掉"所以"之后，整个意思并未受到影响。

逻辑连接词在文章中起到关联句子与句子的重要作用。在撰写文章时，要注意对逻辑连接词的使用。

但是，滥用就会让文章变得逻辑混乱。有些去除后也不影响表达的逻辑接续词，可以果断删掉。

原文2

昨天，我被任命为了店长。据说是社长一手拍板决定的。所以，也许是对我有所期待吧。不过，改善公司的经营状况也并非易事。因此，我还是应先反思对成本的管理。

修改后

昨天，我被任命为了店长。据说是社长一手拍板决定的。也许是对我有所期待吧。不过，改善公司的经营状况也并非易事，我还是应先反思对成本的管理。

将原文中的"所以""因此"删除后，整个文章也变得更加通顺了。

在各种各样的逻辑接续词中，像"但是""然而""不过""话虽如此"等表示逆接的词，是可以被保留下来的。

另外，还有像"因此""所以""而且""然后"等删掉后反而让文章更通顺的逻辑接续词。

▶无用的部分5：重复表达

对相同意思的"重复表达"也应适当修改一下。

（重复表达示例）

之后感到后悔→感到后悔

必须有这个必要→有必要

每一个部门→各个部门

连日来一直都是酷暑→连日的酷暑

意想不到的偶发事件→意外事件

最后的紧要关头 / 最后的绝招儿→紧要关头 / 绝招儿

首先一开始→首先 / 一开始

明确地断言→断言

今天的现状→现状

向后背过身去→背过身去

颜色发生变色→变色

提前预约→预约

对大众公布→公布

头疼得特别厉害→头痛

你也有"犹豫不决"的毛病吗？

在对文章进行删改时，我们可能会觉得"费好大工夫写出来的……""花好长时间写的……""明明内容还行却……"。

但是，文章的好坏并不取决于写作者所投入的时间和劳动力。因为"舍不得"而保留下来的内容，十有八九都是"与读者无关"的。所以，在对文章进行"瘦身"时，切记不能犹豫不决。

> **要点**
>
> 冗长的文章、庸俗的文章、喋喋不休的文章，难免会让阅读的人感到难以理解。也许，有的人仍对删减文章的内容抱有抵触情绪，但是，要知道，这些修改都是"为了读者"而做的。

61　冷静修改的要点②——强制性地缩短篇幅

让写作者的观点更加易懂

"强制性地缩短篇幅"，这是让修改效果最大化的方法。如果可以，就将篇幅删去一半，至少也要删去三分之一。

结合上一节所介绍的"给文章瘦身"，可以起到绝佳的效果。

我曾经指导企业的经营者和创业者撰写个人简历，虽然让他们都要写自己的经历，但大部分人动辄就写出1000字以上的"自传"。很遗憾，即便写作者的观点再强势，也无法将信息传递给阅读的人。

于是，我要求他们将1000字的长文缩短至300字左右，整篇文章的内容一下子就变得简洁易懂。

原文

刚成为独立写作者那会儿，我曾经收到过某出版社的优秀编辑发来的一封邮件。其在邮件中措辞严厉地指出我的文笔有很大的问题，还说如果不修改得更加简洁明快，将很难向读者传递真正有用的信息。面对这一突如其来的意见，真的是让信心满满的我备受打击。难道说我写的文章真的就那么一无是处吗？

上面的内容是我的个人简历。虽然写的都是自己曾经的真实经历，却很难给人留下深刻的印象，应该将篇幅缩短至原来的一半。

修改后

在成为独立写作者之初，某社的优秀编辑就指出"山口的文笔有很大的问题，如果不修改得更加简洁明快，将很难向读者传递真正有用的信息"。被这么一说后，我惊讶于"自己的文章真就一无是处吗？"。

上面这段话其实就是登载在我个人官方网站上的简历（部分内容）。是不是更加易懂呢？

只留下严格筛选后的信息

文章并非越长越好，简短的文章只要能准确传递信息，也一样是好文章。而通过"强制性地缩短篇幅"，能使文章的内容获得有效的改善。

请放心，这就和打扫屋子一样，要学会"断舍离"，将一些"无用的东西"统统丢弃。总之，要勇敢地给自己划定目标，将篇幅删减掉三分之一或一半，只留下严格筛选后的信息即可。

我们也可以将这当作磨炼写作技能的一种训练。

通过反复对文章进行大胆的删减，我们将有更多的机会去思考："如何才能直截了当地传递信息？"

当我们下次看到带有三四个修饰词的冗长文章，或者啰唆的表达方式时，就会下意识地想："能不能换成更加简洁的语言呢？"

"强制性地缩短篇幅"也算是一种"天线"。除了能让我们更加留意文章中的无用部分外，还能磨炼我们"简洁传递信息"的写作技能。

要点

已经意识到自己一直在撰写冗长文章的人，应该要养成"强制性缩短篇幅"的习惯，这会使文章的通顺度和易懂度成倍地增长。

62 冷静修改的要点③——要做到"一句一意"

让信息更容易进入读者的大脑中

冗长的文章容易令读者感到迷惑。我们在冷静地进行修改时，要以"一句一意"为目标。

所谓"一句一意"就是指在一句话（以"句号"为单位）中只能传递一个信息。

原文

"SKY"咖啡馆最推荐的菜品，就是由主厨亲手制作的煎鸡蛋卷，虽然在午餐时段仅需不到1000日元就能吃到，但是，由于店面距离车站较远，而且宣传单页上所印的地图标得又不清楚，很容易让人迷路。

修改后

"SKY"咖啡馆最推荐的菜品，就是由主厨亲手制作的煎鸡蛋卷。在午餐时段仅需不到1000日元就能吃到。不过，美中不足的是，其店面距离车站较远。再加上宣传单页上所印的地图标得又不清楚，很容易让人迷路。

多打几个句号，将原文分成四句话。这样一来，每个信息都更容易进入读者的大脑中。

一些写文章不喜欢打句号的人，往往都特别喜欢用"虽然""但是""而且""所以"等这样的连接词。有这种习惯的人，务必在重新审读的时候，带着"一句一意"的意识有针对性地检查。

63　冷静修改的要点④——不要乱用副词

注意不要过多使用"程度副词"

起修饰作用的副词，一旦滥用就会让文章变得"陈词滥调"。其中，要特别注意的就是表示"程度"的副词。

（副词示例）很、特别、极为、颇多、非常、更加、甚于、极其、显著、极度、格外、无比、相当、重大、异常、实在、的确、真的、尤为……

我并不是说所有的副词都是不必要的，只是乱用副词会使文章变得很庸俗。相比于"非常准确地找到了其弱点"，简化成"准确地找到了其弱点"就更加易读易懂些。前一句中的"非常"一词就有点画蛇添足的感觉。

还有，指示性的词语在使用时也要多加注意。所谓"指示性的词语"包括了"像这样的……""那些……""那件事情上……"，以及"这个""那个""哪个"等。要避免让阅读的人产生迷惑——

"'那个'到底指代的是什么呢？"

当你感觉某个代词所指代的对象不够明确时，可以直接写成具体的内容，不要只写"吃掉那个"，而是写成"吃掉那个苹果"。这样读起来就更易懂了。

64 冷静修改的要点⑤——注意句子中的修饰关系

修饰词应直接放在被修饰对象的前面

如果一篇文章中的修饰词与被修饰对象的关系不明确，就有可能让读者产生误解。一定要避免会产生歧义的表达方式。

①优秀的近藤的作品。

②近藤的优秀作品。

①中的"优秀"会让人理解成形容"近藤"这个人的。如果修饰的对象是"作品"，那么就必须改成②这样的语序。

①到最后，如果时间久了以后品质开始老化，就不得不进行修补了。

②如果时间久了以后品质开始老化，到最后，就不得不进行修补了。

如果写作者是想表达"到最后"与"不得不进行修补"二者的关系，最好还是采用②这样的语序。[1]

修饰词最好直接放在被修饰对象的前面。如果同时存在多个修饰词时，就必须要考虑："以什么样的顺序来排列这些修饰词，才不会产生误解？"

下面这三大原则，能让你写出更通顺的文章。

▶原则1："长的修饰词"放在前，"短的修饰词"放在后

原文

漂亮的十分罕见桌子。

修改后

十分罕见的漂亮桌子。

"漂亮的"和"十分罕见"都是"桌子"的修饰词。虽然原文的语序也能让人明白想表达的意思，但修改后会更易读易懂。

---

① 译者注：这里是日语的表达习惯问题，可能与中文表达不能完全对应。中文可以说得更简练到位。

▶原则2：“从句”放在前，“词语”放在后^①

原文

诚实的、很关心成员的团体。

修改后

很关心成员的诚实团体。

　　“诚实的”和“关心成员”都是“团体”的修饰词。但是，原文里“诚实的”一词的修饰对象不够明确，经过修改后，可以将“关心成员”这样的动宾短语从句放到前面。

▶原则3：“大的状况”放在前面，“小的状况”放在后面

　　多个修饰词之间存在“状况差异”时，可以按照“大→小”来排序。

原文

　　为了获取改良方案的数据，A项目的考察团得意扬扬地于刚刚过去的9月进驻了现场。

---

① 　译者注：此处所讲的语法属于日语中的特殊表现，并不适用于中文。故在翻译时做了适当修改。

修改后

在刚刚过去的9月，A项目的领导率领考察团，以获取改良方案的数据为目的，得意扬扬地进驻了现场。

"进驻现场"的修饰词有以下四个：

·以获取改良方案的数据为目的；

·A项目的考察团；

·得意扬扬地；

·刚刚过去的9月。

原文虽然遵循了之前的原则1和原则2，但是整个表述依然不够通顺。按"大→小"的顺序修改后，就变得通顺多了，而且读者也更容易把握所描述的状况。

要点

无论什么时候，都要考虑阅读文章的读者的心情。在安排修饰词的顺序时，不能被原则所束缚，一定要做到"通顺""易懂"。

65 冷静修改的要点⑥——表达方式要有变化

同样的表达方式最多连用两次

如果同样的表达方式用多了，整篇文章读起来就会非常单调。聪明的做法是最多只用两次。在进行冷静修改时，要特别注意这一点。

这是小女儿做的晚饭，是我和丈夫都最爱的西班牙海鲜饭。真是超出想象的美味。

"是"连续出现了三次，难免会让人觉得单调。

小女儿做的晚饭，竟然是我和丈夫最爱的西班牙海鲜饭。超出想象的美味哦。

修改成这样的表述后，就不会给人以单调的印象了。

原文

日本人注重"团队精神"。日本人本就擅长团队化的组织协作。只要所有人都能贯彻好"团队精神",就能完成工作目标。

"团队"一词反复出现,让人感觉十分单调。

修改后

日本人注重的就是大家以组织为单位协作的"团队精神"。只要所有人都心往一处使,就能完成工作目标。

可以像这样,进行适当的精简组合。

当我们要通过文字表达强烈情感时,就要勇敢地运用排比句的句式——如"这是爱、是幸福、更是人生"。所以一定要结合具体情况,选用不同的表达方式。

66 冷静修改的要点⑦——注意文字的排版布局

避免文字全部堆砌在一起

无论文章的内容多么棒，如果疏于排版布局，依然不能称为"好文章"。

下面这两篇文章，你更愿意看哪一篇呢？

文章A

当有人拜托我撰写文章时，
我总是会先和对方确认一件事。

那就是写作的"目标"。

"写这篇文章的目标是什么呢？"
我肯定会问对方这一问题。

无论什么样的文章，都有其写作的目标。
根据目标的不同，文章的内容也会有所变化：

- 采用的信息
- 切入点
- 文章结构
- 表达方式与文笔风格
- 结论

可以说，不同的目标会让文章的写法大变样。

不仅是别人拜托写文章的场合，

就是我自己写文章时，

也一定会就这些内容进行"自问自答"。

即："这篇文章的写作目标到底是什么？"

文章B

当有人拜托我撰写文章时，我总是会先和对方确认一件事，那就是写作的"目标"。"写这篇文章的目标是什么呢？"我肯定会问对方这一问题。无论什么样的文章，都有写作的目标。根据目标的不同，文章的内容也会有所变化：

- 采用的信息
- 切入点
- 文章结构
- 表达方式与文笔风格

> ·结论
>
> 可以说，不同的目标会让文章的写法大变样。不仅是别人拜托写文章的场合，就是我自己写文章时，也一定会对这些内容进行"自问自答"，即："这篇文章的写作目标到底是什么？"

我想大部分人会选择文章A。其实，这两篇文章的内容是完全一样的，只是在文字的排版布局上有所差别，但仅这一点就会令人产生"想读"和"不想读"的不同反应。

那么，与文章B相比，文章A究竟好在哪里呢？

①每一行的字数尽量少（控制在30个字以内）

据说，人类的目光很难做横向的移动。[①]也就是说，越长的句子，读起来越费劲。虽然文章发表的媒介各不相同，但基本上都应该控制在一行30个字以内。

②适当留出空行（文章中的"留白"）

有的读者会通过视觉印象来浏览整篇文章，从中挑出最重要的内容来读。文章A加入了许多空行（留白），就很适合这样的阅读方式。

另外，文章A也不会像文章B那样，给人以"堆砌文字"的效果。放眼望去全是字的文章，往往会给读者带来一种压迫感，从而失

---

① 译者注：这里应该是阅读习惯不同导致的认知不同。日本书籍多为竖排，才如作者所说。

去了"想要阅读"的念头。

文章的"外表"也很重要

以前，有一本畅销书名为《人的外表很重要》。其实，写文章也是同样的道理。在对内容品头论足之前，如果"外表"很糟糕，就已经让人失去了"想要阅读"的念头。

点开文章的一瞬间，看到密密麻麻的文字会有一种压迫感，还会感到"读起来很累""不想读了"。可以说，这种文章的可读性就很低了。

千万不要忘记一个残酷的事实，那就是所有读者的手中都握着名为"不想读了"的必杀技。而且，他们很轻易地就会使出这一必杀技。

要点

在进行冷静修改的时候，一定要注意文字的排版布局。如果可以的话，要能让读者产生"想读下去"的想法，最少也得是"可以读一读"这样的反应。

67　培养"读者意识"的4个技巧

要将意识从"写作者"切换成"阅读者"

在审读时，我们要将头脑中的意识从"写作者"切换成"阅读者"。在这方面遇到困难的人，建议尝试以下这4种方法。

①空出一段时间

这是最简单也是最有效的方法。一天、一周、一个月……空出的时间越长，对自己所写的文章越会产生新鲜感。

但问题是，很多人其实没办法给自己留出这么长的时间，那么，空出1个小时或者30分钟也是可以的。例如，早上写好的文章，吃过午饭后再进行审读修改。如果连30分钟的时间都留不出，就可以先去上个厕所，然后再回到书桌前修改。

②打印出来阅读

将文章打印出来，可以完成从"写作者"向"阅读者"的角色切换。通过这一方法，我们不仅能发现文章中的错字、漏字，还可以找到"表达太过严肃""逻辑不够通顺""说明不够翔实"等平时不太容易注意的问题。

如果时间充裕的话，还可以选择用不同的字体打印文章。这样可以让我们在面对自己所写的文章时更有新鲜感。

不过，将所有的文章都打印出来也是需要时间和金钱等成本的（也是一种资源浪费）。所以，仅在对待重要文章时这样做就好了。

③大声读出来

与默念相比，大声读出来显然更费时间。但是，这样却能让我更容易找到文章中的错字漏字、节奏错乱、措辞不当等细节问题。如果能流畅地读下来，说明整篇文章的内容基本是合格的；如果读起来磕磕绊绊的，说明文章中存在着"晦涩难懂""语义不明""观点无法接受"等急需改善的问题。

④拿给别人看

可以将自己所写的文章，积极地拿给周围的朋友看。因为，很多时候我们都是"不识庐山真面目，只缘身在此山中"，这也正是写作者一定要切换到"读者立场"的原因。

我们看他人写的文章时，常常会发现一些问题，有时还会直接给出"我不太懂这里的意思""这句话是不是可以换成××呢？"这样的具体建议。

如果你想写出"好文章"，就不能"闭门造车"。找一个值得信赖的朋友，将自己的写作目标告诉他，然后再请他就文章内容中的问题，给出真实的意见。借助第三人的帮助，能让你的写作技能飞快地提升。

后 记

▶苦恼之一：不知道该写什么；
▶苦恼之二：无法流畅地行文。

读到这里，你是否已经与这两大苦恼说再见了呢？

我相信大家一定都做到了。

因为看完本书以后，你已经知道了"打开天线"的重要性，也知道了"对读者有所贡献"这件事的重要性。甚至有人已经打开了"天线"，正在源源不断地搜集有用的信息；有人可能已经在写"对读者有所贡献的文章"了吧……

今后，当你在撰写文章的过程中又遇到什么苦恼时，请重新拿出本书再好好地读一读。本书就是这种情况下你的"救命稻草"。你遇到的问题是什么——就此打开相应的"天线"，然后一定能找到解决的对策。

在这里，我要向策划制作本书的日本实业出版社编辑部的各位老师，表示由衷的感谢。还有，我亲爱的家人们（妻子朋子和女儿桃果），谢谢你们对我的支持。

最后，要向各位读者表示感谢，本书就是我给大家的礼物。祝大家都能写出属于自己的"好文章"。

表达力（说话、写作）研究所所长　山口拓朗

图书在版编目（CIP）数据

一学就会的爆款写作课/(日) 山口拓朗著；金磊
译.——北京：中国友谊出版公司,2021.10
ISBN 978-7-5057-5229-0

Ⅰ.①一… Ⅱ.①山… ②金… Ⅲ.①写作学 Ⅳ.
①H05

中国版本图书馆CIP数据核字（2021）第105557号

著作权合同登记号 图字：01-2021-1390

书名	一学就会的爆款写作课
作者	〔日〕山口拓朗
译者	金 磊
出版	中国友谊出版公司
发行	中国友谊出版公司
经销	新华书店
印刷	三河市中晟雅豪印务有限公司
规格	880 × 1230毫米 32开
	8.25印张 181千字
版次	2021年10月第1版
印次	2021年10月第1次印刷
书号	ISBN 978-7-5057-5229-0
定价	49.80元
地址	北京市朝阳区西坝河南里17号楼
邮编	100028
电话	（010）64678009

如发现图书质量问题，可联系调换。质量投诉电话：010-82069336